최초의 질문

최초의 질문

기술 선진국의 조건

ORIGINAL
QUESTIONS

이정동

민음사

우리는 무엇을 지향하는가

중력을 벗어나 도약한 한국

2020년, 학술지 《네이처》에 「한국은 어떻게 세계적 혁신 리더가 되었나(How South Korea made itself a global innovation leader)」[1]라는 특집 기사가 실렸다. 연구 개발과 인적자원에 대한 지속적인 투자와 첨단 기술 대기업뿐만 아니라 최근 등장하고 있는 기술 벤처들의 활약상을 상세히 소개하는 글이었다. 방탄소년단이 세계적 팬덤을 몰고 다니는 와중에 영국의 BBC는 「K팝이 어떻게 세계를 정복했나?(How did K-Pop conquer the world?)」[2]라는 기사를 내보냈다. 이뿐만 아니라 세계 이곳저곳에서 한국에 관한 벤치마킹 리포트가 쏟아지고 있다. 지난 반세기 동안 애타게 선진국을 벤치마킹하던 한국이 어느 순간 벤치마킹 대상이 된 묘한 변화를 요즘 들어 자주 느끼게 된다.

사실 그 결정판은 2021년 7월에 유엔무역개발회의(UNCTAD)가 한국의 지위를 개발도상국에서 선진국으로 바꾼 것이다. 1964년에 이 기관이 설립된 이래 개도국에서 선진국으로 지위가 바뀐 나라는 한국뿐이다. 1인당 국민소득이 100달러도 안 되는 나라였음을 생각하면 상전벽해라는 말이 딱 어울리는 변화고, 어느 책 제목처럼 정말 '눈 떠보니 선진국'이다. 한국의 도약은 우주로 가는 로켓이 떠오르는 장대한 발사 장면을 연상케 한다. 로켓은 아래로 당기고 있던 강고한 중력을 이기고 모든 사람의 몸이 부들부들 떨릴 만큼 힘겹게 속도를 붙여 올랐다. 그림자가 따라오기 버거울 만큼 가속에 가속을 더했고, 삶의 모습과 주변 경관이 영화 예고편처럼 휙휙 바뀌었다. 어느덧 1인당 국민소득이 3만 달러를 넘고, 선진국으로서 분석의 대상이 되기 시작했다.

　　그런데 선진국이라 불리는 경계에 서니 우리의 모습이 다시 보인다. 기술 선진국이라는 나라들과 다른 점이 분명하게 드러나고 있다. 한국은 선진국이 제시하는 개념설계를 받아 충실히 실행하면서 오늘의 고지에 올랐다. 그러나 진정한 기술 선진국이 되려면 독창적인 개념설계를 제시하면서 게임의 규칙을 만드는 힘이 있어야 한다. 이 개념설계는 탁월한 천재가 일필휘지로 그려 내는 것이 아니다. 조금씩 시행착오를 거듭하면서 끊임없이 스케일업한 결과로서 탄생하는 것이다. 이제 한국은 그 도전적 시행착오를 축적하는 길로 가야 한다.

축적을 이끄는 최초의 질문

　"'독창적 개념설계'를 얻기 위해 '도전적 시행착오'를 '축적'해야 한다." 지난 몇 년간 나는 이 한 문장을 알리려고 노력해 왔다. 한창 실험 중인 연구원과 용접 불꽃을 튀기는 기술자를 비롯해 핀테크를 지향하는 청년 벤처기업가, 대기업의 CEO와 국가정책 담당자에 이르는 많은 사람들을 만났다. 우리 산업의 기술 개발 현장에서 어떤 축적이 이루어지고 있는지, 축적을 가로막는 관행이 무엇인지를 관찰하고 묻고 생각을 나누면서 앞으로 갈 길을 같이 더듬어 왔다. 다행스럽게도 축적의 필요성에 공감하는 반향이 조금씩 일어났다. 산업계와 기술 개발의 현장뿐만 아니라 자기 계발 차원에서 개념설계와 시행착오 그리고 축적이 키워드로 많이 쓰이고, 정부의 정책에 축적이라는 단어가 등장했으며 심지어 코로나19 백신 개발의 진척 상황을 확인하는 기자회견장에서 방역 정책 담당자가 백신을 만들어 내려면 축적의 시간이 필요하다고 호소하기도 했다. 기술혁신의 원리를 연구하는 나로서는 많은 사람들이 축적의 중요성을 새롭게 인식하고 기업 전략과 국가정책을 다듬는 등 사회의 각 부문에서 일으킨 작지만 의미 있는 변화를 보는 것만으로도 고맙다.

　우리 산업과 기술 생태계로 눈을 돌리면 성장의 증거가 많이 보인다. 여러 산업에서 기술 선진국 수준 또는 그보다 더 뛰어난 제품이 속속 등장하고 있다. 국제 학술지에 발표하는 논문 수를 기준으로 보면 연구 수준도 선진국 못지않다. 그러나 안타깝게도, 새로운 분야를 열어 가는 경우는 사정이 다르다. 나도 할 수 있다거나 내가 더 잘한다는 수준을 넘어 '이것이 새로운 분야'라고 할 만한 자신감으로 도전하는 사례를 보기가 쉽지 않다. 우리 산업과 기술 분야 곳곳에 끈질기게 시행착오를 축적한 사례가 적지 않고, 그 덕분에 오늘날 선진국으로 불리게 된 것은 분명한 사실이다. 그러나 기술 선진국에서 새로운 분야를 만들고 얼마 뒤 한국이 그 분야에서 우수한 성과를 내는 패턴이 변하지 않고 있다. 기술 선진국은 끊임없이 질문을 던지면서 새로운 분야를 만들고, 이를 기반으로 산업의 룰을 재편해 나간다. 이 룰 세팅의 판에 끼지 못한 국가는 만들어진 룰을 받아들이고 그 안에서 최선을 다한다. 한국이 몇몇 산업 분야에서 룰 세팅을 주도하는 경우가 나타나고 있지만, 평균적으로는 아직 선진국 수준에 이르지 못했다. 이쯤 되면, 시행착오를 축적해야 한다는 말은 진정한 기술 선진국으로 가기 위해 알아야 할 진실의 반쪽만 보여 준다는 점을 인정할 수밖에 없다. 내가 깨달은 나머지 반쪽은 축적의 지향, 목표가 있어야 한다는 것이다.

　이미 알려진 로드맵과 다르게 생각하고 새로운 길을 찾는 최초의 질문, 즉 도전적 문제를 제기할 때 비로소 의미 있는 축적이 시작된다. 로드맵을 벗어난 질문의 답을 찾는 과정에는 실패가 있을 수밖에 없는데, 이때 진정한 도전적 시행착오가 생기고 다음 시도에서 활용할 만한 교훈도 생긴다. 인류가 아직 발을 디뎌 보지 못한 미지의 땅을 탐험하고 싶다는 야망을 품고 나서 앞사람은 자신이 빠진 늪에 표시를 하고 뒷사람은 그 위험을 피해 한 걸음 더 나가는 것과 같다. 축적의 메시지는 여전히 유효하다. 단, 새로운 분야를 여는 지향인 최초의 질문이 있어야 고유한 경험이 축적된다. 그리고 이런 경험이 있을 때 기술과 산업의 새로운 분야를 열고 룰을 정하는 기술 선진국의 리그에 정당한 일원으로 참여할 수 있다.

어떤 범주 안에서 문제를 잘 푸는 사람과 문제를 내는 사람, 아니 범주 자체를 여는 사람은 다르다. 한국은 그동안 문제를 푸는 면에서 탁월한 성과를 보였다. 그러나 문제 해결자로서 익숙해진 관행에 지금 발목이 잡혀 있다. 1인당 국민소득 3만 달러를 넘어 진정한 기술 선진국으로 뛰어오르려는 데 엄청난 중력으로 작용하는 것이다. 추격의 정점을 지나 진정한 기술 선진국으로 가는 첫걸음은 축적의 지향으로서 도전적인 최초의 질문을 던지는 것이다.

이 책은 최초의 질문이라는 키워드를 중심으로 한국이 기술 선진국이 되게 할 전략을 찾아 가는 여정을 담고 있다. 그 첫걸음은 한국의 성장 과정, 특히 기술의 발전 과정을 돌아보는 것이다. 지금까지 어떻게 최초의 질문 없이 발전할 수 있었는지, 왜 최초의 질문을 품기 어려운 상태가 구조화되었는지를 살펴보자. 기술 선진국의 사례를 바탕으로 혁신의 원리가 무엇인지를 살펴보는 일이 두 번째다. 사실 기술혁신의 핵심 원리는 간단하다. 최초의 도전적 질문을 던지고 그 해법을 치열하게 스케일업해 가는 것이다. 이 암중모색 과정을 이끄는 등대가 바로 최초의 질문이다. 지금 막 싹을 틔운 혁신적 기술의 사례를 집중 분석하며 앞서 말한 혁신의 원리를 확인하는 내용이 세 번째 장의 주제다. 최초의 질문을 제시하는 것도, 집요하게 스케일업하는 것도 모두 사람이 하는 일이다. 독창적인 질문을 제기하고 스스로 꾸준히 답을 찾아 가는 사람들을 어떻게 키울지, 이들의 열정을 어떻게 불러일으킬지에 대해 네 번째 장에서 다룬다. 치열하게 전개되고 있는 세계적 기술 경쟁의 본질은 선진국들이 서로 제시하는 최초의 질문들 간 경쟁과 협력이다. 그 결과, 산업의 지형도가 끊임없이 바뀌고 개도국은 따라가기 바쁘다. 다섯 번째 장에서는 이 기술 선진국들이 벌이는 경쟁의 현장과 커튼 뒤에 숨은 힘을 들여다보면서 최초의 질문이 어떤 구실을 하는지 알아보려 한다. 당연히 기술혁신은 진공 상태에서 일어나지 않는다. 국가 차원의 문화와 정책이 절대적인 영향을 미친다. 그래서 마지막, 여섯 번째 장에서는 최초의 질문이 가득한 기술 선진국이 되기 위해 국가가 해야 할 일 가운데 중요한 것들 몇 가지를 뽑아 살펴본다.

이 책은 기술혁신의 원리에 대해 주로 이야기하면서도 과학기술 너머 기업과 국가의 전략, 세계적 기술 경쟁, 금융과 문화 등 다양한 주제를 포괄하고 있다. 나 자신이 공학 연구에서 출발했지만 혁신적 기술이란 것이 닫힌 실험실보다는 사회의 모든 부문, 사람들이 서로 영향을 주고받는 복잡한 관계망 속에서 탄생한다는 믿음이 있기 때문이다.

　자, 한국이 어떻게 중력을 이기고 오늘에 이르렀는지 그리고 왜 지금 최초의 도전적 질문이 필요한지부터 살펴보자.

차례

1 질문이 달라졌다

2 기술은 어떻게 진화하는가

3

기술 탄생의 현장에서 찾은 혁신의 원리

4

질문하는 사람을 찾아서

일러두기

이 책은 필자가 2021년부터 《중앙일보》에 연재하는 칼럼 「축적의 시간」과 KBS 신년 기획 「다음이 온다」(2022) 1편에서 강연한 내용을 바탕으로 쓰였습니다.

1

**질문이
달라졌다**

이제 모방이 아니라 창조,
추격이 아니라 개척을 통해
화이트 스페이스에 길을 만들어야 한다.

치열한 추격의 기억

황무지에서 출발한 산업과 기술

기술은 도약하는 듯 도약하지 않는다. 기술마다 속도의 차이가 있을 뿐, 그 이전의 축적에 작은 돌 하나를 얹듯 발전하는 데는 예외가 없다. 오늘 한국의 산업을 뒷받침하는 기술도 어제의 역사 위에 서 있다. 내일 도전할 기술의 전망 또한 오늘까지 걸어온 길과 무관하지 않다. 그래서 기술의 역사를 살펴보는 것은 단순히 과거를 그리는 데 그치지 않고 미래에 일어날 기술혁신의 보폭과 방향을 가늠하는 일이기도 하다.

2019년, 한국공학한림원이 『한국산업기술발전사』라는 소중한 기록을 세상에 내놓았다. 4년에 걸쳐 300명 가까이 되는 필자가 참여한 결과, 총 5000여 쪽에 이르는 방대한 자료집을 만들어 냈다. 나도

이 작업에 참여해 자료를 검토하고, 역사의 한 페이지를 장식한 전문가들을 만나면서 한국의 기술이 어제까지 밟아 온 자취와 오늘의 한계 그리고 넘어서야 할 내일의 과제를 그려 낼 수 있었다. 이를 바탕으로 10개 분과의 자료를 모두 요약한 통사로서 『대전환』[1]을 집필했는데, 그때 마주한 놀라운 몇 장면을 되살려 보면 이렇다.

한국의 산업과 기술은 글자 그대로 황무지에서 출발했다. 1960년 당시 인구 2500만 명 중 1400만 명이 농업에 종사하는 전형적 빈국이 한국이었다. 1인당 국민소득이 1953년에 67달러밖에 안 됐고, 1960년대 중반에는 아시아에서 일본 다음가는 부국이던 필리핀의 절반에도 미치지 못했다. 게다가 그나마 얼마 없던 생산 기반마저 전쟁 탓에 궤멸 수준으로 떨어졌다. 전쟁 중 자동차의 75퍼센트, 통신 시설의 80퍼센트가 파괴되었으며 제한 송전이 1964년에야 해제될 정도였다. 사실상 물류, 통신, 전력 등 현대 산업국가로서 갖춰야 할 최소한의 기반조차 찾아볼 수 없었다. 해방 당시 77.8퍼센트라는 문맹률도 길 가는 사람 열 명 중 글을 읽을 수 있는 사람이 겨우 두 명이었다는 뜻이니, 한국이 천연자원이 아니라 인적자원으로 성장했다는 말이 의심스러운 수치다. 과학기술의 기초 지식도 전무했다. 1955년에 출시되어 최초의 국산 자동차로 불리는 시발(始發)자동차는 폐차된 미 군용 지프의 부품을 재활용해 조립한 것이었다. 최초의 라디오도 일본의 설계도와 부품에 의존해 1959년에야 겨우 생산했다. 1956년에 열린 다트머스회의에서 인공지능이라는 개념이 본격적으로 등장했다는 사실을 떠올려 보면 당시 한국과 기술 선진국의 격차를 충분히 짐작할 수 있다.

『한국산업기술발전사』가 기술에 관한 자료의 묶음이지만 사람들의 이야기이기도 하다. "1966년부터 1969년까지 25명의 해외 유치 과학기술자들이 귀국해 한국과학기술연구원(KIST)의 기초를 놓았다"[2]는 기록은 행간에 많은 이야기를 숨기고 있다. 이들은 당시 미국 실리콘밸리의 안정된 직장과 아이비리그의 명예로운 교수직을 포기하고 가족과 함께 가난한 고국행 비행기에 몸을 실었다. 현실적 욕구와 사명감 사이 갈등이 적지 않았을 것이다.

IMF 구제금융을 받은 외환 위기 때 많은 정밀기계 분야 기업들이 로봇 사업을 접었고, 이때 직장을 떠난 젊은 기술자들이 오늘날 성공한 로봇 벤처를 창업하게 되었다는 기록도 마찬가지다. 몇 줄 서술의 이면에는 불안과 열정이 섞인 청년 기술자들의 고민이 있다.

신약 하나를 만들기까지 1158회에 이르는 후보 물질 합성 실패와 임상 과정을 밟느라 거의 20년이 걸렸다는 이야기는 또 어떤가? 함께하던 직원 중 절반이 이미 회사를 떠났지만 당시 주임으로서 남아 있던 젊은 연구자가 지금 장년의 임원이 되어 들려주는 회고는 기술 발전 과정이 결국 인간의 도전 기록이라고 말한다.

대추 한 알이 저절로 붉어졌을 리 없다는 시구[3]처럼, 개도국들이 부러워하는 오늘의 한국 산업 또한 저절로 자라났을 리 없다. 무엇보다 산업 개발과 기술 발전의 치열한 현장으로 뛰어든 무수히 많은 인재들이 결정적인 토양이자 자양분이었다.

돼지털에서 디지털로

한국 산업의 발전 과정에 주요 수출 품목이 표에서 보이듯 빠르게 변해 갔다. 1960년대 주력 수출품은 철광석, 중석, 무연탄, 흑연 등으로 마치 한국이 천연자원의 부국처럼 보일 지경이다. 실상은 수출할 수 있는 물건이 그것밖에 없었다. 10위에 올라 놀라운 돼지털은 구둣솔이나 옷솔 등 갖가지 솔을 만드는 원료로 수출되었다. 기술과 현대적 산업 기반이 없어서 돈이 되는 것은 뭐든 수출한 당시 상황이 보인다.

그러나 한 세대도 지나지 않은 1980년에 벌써 철강, 영상 기기, 반

	1961년	1980년	2000년	2015년
1	철광석	의류	반도체	반도체
2	중석	철강판	컴퓨터	자동차
3	생사	신발	자동차	선박해양구조물 및 부품
4	무연탄	선박해양구조물 및 부품	석유제품	무선통신기기
5	오징어	음향기기	선박해양구조물 및 부품	석유제품
6	활선어	인조장섬유직물	무선통신기기	평판디스플레이 및 센서
7	흑연	고무제품	합성수지	자동차부품
8	합판	목기류	철강판	합성수지
9	미곡	영상기기	의류	철강판
10	돼지털	반도체	영상기기	플라스틱 제품

자료: 한국무역협회

한국의 주요 수출 품목

도체가 주요 수출품으로 등장하며 2000년대의 품목은 완전히 첨단 디지털 제품으로 채워진다. 이렇게 극적인 품목 변화는 할아버지 세대와 손자 세대의 직업군이 아예 달라졌다는 것을 의미한다. 겨우 한두 세대 만에 '돼지털에서 디지털로' 놀랄 만큼 급격하게 산업구조가 바뀐 경우는 한국이 유일하다.

지난 시절의 이야기라 별것 아닌 듯할지 몰라도 세계적으로 이렇게 성공적으로 이룩한 나라는 없다. 그 이유는 한 나라가 발전하는 과정을 생각해 보면 쉽게 이해할 수 있다. 가난한 나라가 경제를 발전시키기로 마음먹었다고 하자. 불행하게도 손에 쥔 산업이라고는 실낫기와 같은 가내수공업밖에 없다. 이런 상태를 벗어나려고 해도 반도체나 자동차 산업을 바로 시작할 수는 없다. 자본은 물론이고 지식이나 경험도 없기 때문이다. 아마 실을 바로 수출하는 단계를 넘어 공장을 짓고 기계를 사서 실로 직물을 짠 다음 수출하는 정도를 할 수 있을 것이다. 기계를 만지고 공장을 운영하는 데 조금 익숙해진 다음에는 의류를 만들어 수출하는 데 도전할 수 있을 것이다. 그다음은? 상상하기 나름이지만, 소재 지식을 더해서 기능성을 갖춘 고부가가치 의류를 생산할 수도 있겠다. 또 그다음 단계에 어쩌면 기능성 소재에 대한 지식과 경험을 활용해서 자동차에 들어가는 소재를 만들 수 있을지도 모른다. 끝말잇기처럼 이 상상은 끊임없이 연결될 수 있고, 이렇게 생산품 수준을 한 단계씩 높이다 보면 마침내 첨단 반도체와 거대한 해양 플랜트를 만들 수 있게 된다.

경제성장론의 한 갈래인 상품 공간 이론[4]이 이런 과정을 정형화했다. 요컨대 개도국은 저기술, 저부가가치 상품을 만드는 데서 경제 발전을 시작하고 다음 단계에서 기존 상품과 연계되지만 조금 더 기술이 필요한 상품을 만들어 간다. 이런 식으로 조금씩 기술 수준을 올리면서 첨단 기술 상품으로 전이한다는 것이다. 상품 공간 이론 연구자들은 이 과정을 원숭이가 바로 옆에 있는 가지를 잡고 조금씩 열매가 많은 숲의 중심부로 가는 데 비유해, 국가의 경제 발전이 고기술·고부가가치 상품이 모여 있는 상품 공간의 중앙으로 이동하는 것이라고 말한다.

여기서 중요한 것은, 한 국가가 저기술 상품에서 고기술 상품으로 연관된 산업을 따라 한 칸씩 옮겨 갈 가능성이 있달 뿐이지 모두가 그렇게 할 수 있다는 뜻은 아니라는 사실이다. 그냥 직물을 짜서 의류의 원재료로 팔면 될 텐데 군이 티셔츠를 만들겠다고 일을 벌이면, 필요한 기계를 사들여야 하고 사람을 훈련하고 해외시장에 나가서 직물이 아니라 티셔츠를 사 줄 바이어를 찾아야 한다. 이 과정이 쉬울 리없다. 어떤 후진국이 한 칸씩 전진하겠다고 마음먹어도 중심부의 고부가가치 상품까지 이동하는 데는 하염없이 오래 걸린다. 그래서 2차 세계대전 이후 독립한 후진국들이 대부분 지금까지도 농업 또는 천연자원 산업이나 노동 집약적 산업을 영위하며 가난에서 벗어나지 못하고 있다.

놀랍게도 상품 공간 이론의 핵심 주장과 어긋나게 변두리 기술에서 중심부 기술로, 쉽게 말해 돼지털에서 디지털로 겨우 한두 세대 만에 도약한 나라가 바로 한국이다. 경제성장을 연구하는 전 세계의 많은 학자들이 하나같이 한국은 예외라고 입을 모으는 이유다. 가끔 이 도약 과정을 생각하다 보면 유명 뮤지컬의 노래 가운데 「중력을 벗어나(Defying Gravity)」라는 곡이 떠오른다. 실제로 많은 개도국들이 몇 세대가 지나도록 주변 상품 생산에 머무는 것은 어제 하던 일을 오늘도 하면 편하다는 관성이 엄청난 중력처럼 발목을 붙잡기 때문이다. 새로운 뭔가를 해 보려다가도 필요한 역량을 키울 엄두가 나지 않고 실패가 두려운 탓에 '그냥 하던 거나 하자'고 주저앉기 십상이다. 이륙하려는 로켓을 붙잡는 중력, 한국의 산업은 바로 그 중력을 박차고 날아올랐다. 그것도 사실상 단번에 중심부로. 그 증거가 앞서 본 표에 나타난 주요 수출 품목의 놀라운 변화다.

대부분의 후진국들이 오랫동안 주변부에 머물러 있다는 사실은 중력을 거스르는 도전이 그만큼 힘들다는 것을 방증한다. 사실상 농업국이던 한국이 중화학공업을 시작하려고 한 1970년대에 선진국의 전문가들은 한국의 발전을 가로막겠다는 나쁜 마음에서가 아니라 경험하지 못한 분야로 뛰어드는 것이 어렵다는 논리적 판단에 따라 부정적 의견을 제시했다. 이를 다른 말로는 비교 우위 전략이라고 한다. 한마디로 잘할 수 있는 것, 익숙한 것을 하라는 말이다. 당시 한국 상황에 이 전략을 적용하면, 농사를 더 열심히 짓거나 기술이 필요 없는 노동 집약적 산업을 특화하는 것이 최선이었다. 실제로 해외 전문가들 대부분이 그렇게 조언했고, 많은 개발도상국이 그것을 따랐다. 그러나 한국 산업 기술의 역사는 이 비교 우위 논리를 정면으로 거스른 이야기, 즉 중력을 거부한 사례로 가득 차 있다.

종합제철소 건설 계획이 본격화한 1960년대 말 해외 기관들은 기술이 전혀 없다는 '합리적인 이유'로 실패를 예측하고 이에 따라 협조를 거부하기도 했다. 1983년에 삼성이 반도체 산업에 도전하겠다고 선언했을 때도 일본의 미쓰비시연구소가 삼성은 기술력이 없고, 회사 규모가 작은 데다 한국은 반도체 내수 시장 규모가 작고, 반도체 산업을 뒷받침하는 전후방 산업이 빈약하며, 사회간접자본도 모자란다는 등 다섯 가지 이유를 들어 실패를 예측했다. 비관이지만 아주 상식적이고 논리적인 전망이었다.

이렇게 상식적인 반대를 뚫고 비상식적인 도전에 성공한 배경에는 더없이 치열한 기술 학습이 있다. 후진국이 전에 해 보지 않은 철강, 조선, 자동차, 전자, 기계 등 핵심 상품에 도전하는 방법 중에 외국인직접투자(FDI)라는 엘리베이터처럼 쉬운 길이 있다. 태국의 자동차 산업이나 중국의 전자 산업이 따른 길이다. 외국인직접투자는 세계적 기업이 자본과 기술을 모두 가지고 들어오기 때문에 하룻밤 사이에도 산업을 일으킬 수 있다. 그러나 기술 이전 없이 저부가가치형 단순 가공 공장 구실만 하는 데 그치는 경우가 많다. 즉 겉보기에는 갑자기 자동차를 수출하는 나라가 된 것 같아도 알고 보면 알맹이가 없이 껍데기뿐이다. 중국은 예외인데, 자국 시장 진출 기회를 무기로 외국인

직접투자 기업에게 기술 이전을 강요할 수 있기 때문이다. 다시 한국 이야기로 돌아가 보면, 외국인직접투자라는 엘리베이터를 타지 않고 직접 자본을 빌려 공장을 짓고 설비를 구해 생산하는 힘겨운 방식인 계단 오르기를 택했다. 실패 가능성이 높고 사실상 성공한 전례가 없는 방식이었다. 이 길을 택한 이상 어쩔 수 없이 기술을 배워 스스로 문제를 풀어 나가야 했다.

자체 기술까지 힘겨운 계단 오르기

전통 농업이나 노동 집약적인 단순 가공을 넘어 현대적 기술 산업을 해 보겠다고 나선 결심은 장하지만, 쌓인 기술이 없으니 밑바닥부터 배우는 지난한 과정을 피할 수 없었다. 대형 유조선에 처음 도전할 때 한국은 이를 건조할 만한 규모의 현대적 조선소가 없었고, 심지어 조선소를 지을 자금조차 없었다. 대형 유조선을 지어 본 적이 없으니 관련 인력도 있을 리 만무했다. 있는 것이라곤 대형 조선소를 지을 자리로 좋겠다고 생각한 울산 미포만의 백사장이 전부였다.

1971년에 처음으로 대형 유조선 두 척을 수주했으나 설계와 생산 중 어느 한 부분의 기술도 제대로 갖춰지지 않았다. 결국 영국 스콧리스고사의 26만 톤급 유조선 설계 도면과 덴마크 오덴세 기술자들의 생산기술, 일본 가와사키중공업 기술자들의 조언을 이리저리 조합해 나갔다. 1972년에는 핵심 인력 60명이 영국 킹스딘조선소에 파견돼 기술을 연수하기도 했다. 좌충우돌 속에 온갖 시행착오를 겪으며 1974년 건조에 성공하기까지 한국의 기술자들은 스펀지처럼 선진 지식을 빨아들였다.

최초의 고유 모델 자동차인 포니를 만든 과정에도 눈물겨운 기술 학습이 있다. 자동차를 설계해 본 적이 없어서 이탈리아의 이탈디자인사에 설계를 맡기고, 청년 기술자 네 명을 보내 설계 과정을 어깨 너머로 배우게 했다. 이탈디자인사에 들어선 이들은 자동차 설계도가 그려질 3미터 길이의 백지가 벽에 붙어 있는 것을 처음 보고 입을 다물지 못했다. 당시 대리급이던 젊은 기술자들이 매일 저녁이면 한데 모여 그날 보고 들은 내용을 서로 비교해 가며 기록하기 시작했다. 언어가 제대로 통하지 않는 환경에서 눈치껏 기억하고 허름한 호텔방에서 밤새 기록했을 그 젊은 기술자들의 정성이 지금 '이 대리 노트'로 남아 있다.[5]

선진국의 반도체 공장을 시찰하던 당시의 젊은 기술자들은 처음 본 설비의 크기를 짐작하려고 걸음 수를 헤아렸다. 성인 남성의 평균 보폭인 68센티미터를 머릿속에 두고, 일정한 폭으로 걷는 연습을 한 다음 현장에 갔다. 그리고 가로세로 걸음 수를 머릿속으로 헤아려 두었다가 밤새 꼼꼼히 기록했다. 이렇게 힘겹게 얻은 조각 지식들이 우리 기술의 출발을 뒷받침한 도입 기술의 실체다.

1980년대 중반을 넘어서면서 단순한 도입 기술을 넘어 조금씩

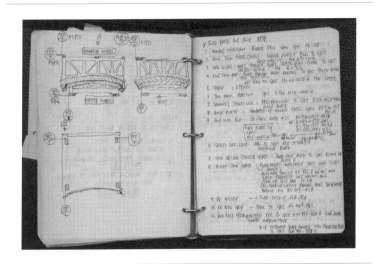

이 대리 노트

개량 기술로 진전했다. 원리를 이해하고 나서 크기를 조금 바꾸거나 다른 기능을 추가하는 수준에 이른 것이다. 이 과정에서 결정적인 구실을 한 사람들은 당시 산업 현장으로 막 쏟아져 들어가기 시작한 석·박사들이다. 이들은 선진국의 제품을 분해했다 조립하는 식으로 기술을 이해하는 것을 넘어 그 원리를 과학적으로 해석하면서 변형할 수 있었고, 비로소 '한국산 전자레인지' 같은 물건들이 나오기 시작했다. 당시 인건비를 비롯한 갖가지 비용 항목에서 선진국보다 우위에 있던 한국의 제품은 선진국 시장에서 가격 대비 성능이 괜찮은 '쓸 만한 제품'으로 인정받았다.

도입 기술과 개량 기술을 바탕으로 어렵게 다진 산업 기반은 곧

이어 수직적으로 연관된 부품 소재 분야 성장의 시발점이 됐다. 반도체 산업을 본격적으로 시작하고 얼마 지나지 않은 1989년에는 한 중소기업이 반도체 핵심 소재로서 최근 한일 무역 분쟁 와중에 잘 알려진 포토레지스터 기술 개발에 성공했다. 기계 산업의 꽃이라고 하는 공작기계 산업도 자동차 생산이 시작된 직후인 1975년에 싹텄다. 마치 개미가 한 칸씩 옆으로 집을 넓혀 나가듯 이런 흐름은 수평적으로 이웃한 산업 기술 분야로도 파급돼 갔다. 1970년대부터 통신 분야 핵심 기술인 유선전화의 전전자교환기(TDX) 시스템 기술에 도전했고, 1986년에 세계에서 여섯 번째로 개발에 성공했다. 이 자체 기술을 지렛대 삼아 디지털 무선통신 분야 기술을 가진 미국 퀄컴사와 힘을 합쳤고, 1996년에 CDMA 기술을 세계 최초로 상용화하기에 이른다. 그때부터 지금까지 한국산 휴대전화의 성공담이 이어지고 있다. 이렇게 한 분야의 성장이 연관 분야의 발전을 견인한 예는 또 있다. 최근 시장에서 두각을 나타내는 바이오시밀러 산업에서는 생명공학 기술이 필수적이다. 그런데 초고도의 품질 유지와 공정 관리가 핵심이라는 특성 때문에 반도체 산업에서 축적된 공정 기술과 전자, 기계, 소재, 장비, 엔지니어링 등 연관 산업의 기술 역량이 뒷받침되지 않으면 시작할 꿈도 꿀 수 없는 분야다.

추격의 정점에 서다

그들이 할 수 있는 것은 우리도

2000년대에 한국은 개량 기술을 넘어 자체 기술 단계에 진입했다. 선진국에 견줘도 뒤지지 않는 기술력과 제품 생산력을 갖춘 것이다. 반도체는 이미 오래전에 세계를 선도하는 단계에 들어섰고, 배터리·자동차·조선 등 여러 분야에서 세계적 기술이 등장하고 있다. 2019년의 선박 설계도 수출 계약[6]도 격세지감을 느끼게 한다. 1971년에 영국 회사의 설계 도면을 받아 처음으로 유조선이라는 것을 만들어 보겠다고 나서고 반세기 만에 설계도를 주는 단계에 이르렀으니 말이다. 전 세계에 이렇게 대형 선박 설계도를 수출할 수 있는 나라는 한 손으로 꼽을 정도밖에 안 된다.

미국, 독일, 일본 등 세 나라가 시장의 96퍼센트를 장악해 전형적 선진국 리그를 형성한 가스터빈 기술도 1990년부터 30년간 시행착오를 축적한 끝에 2022년 국내 기업의 기술로 국내 최초의 실증 사업에 돌입했다.[7] 모두 자체 기술로 개발된 세계적 기술의 증거다.

　이런 사실을 종합해 한국이 겪은 기술 발전 과정을 요약해 보자. 1970년대는 도입 기술의 시대, 1980년대 중반부터는 원리를 이해하고 변형할 수 있는 개량 기술의 시대다. 그리고 2000년대에 들어서는 산업 곳곳에서 선진국과 어깨를 견줄 만한 자체 기술이 만들어진다. 그래서 『한국산업기술발전사』의 끝부분은 '전량 수입에 의존하다 국산화 성공', '세계 몇 번째 개발', '선진국보다 더 좋은 기술 최초 개발' 같이 자랑스러운 내용이 집중돼 있다. 자체 기술로 선진 수준에 이른 대표적 사례가 바로 누리호 개발을 통해 얻은 발사체 기술이다.

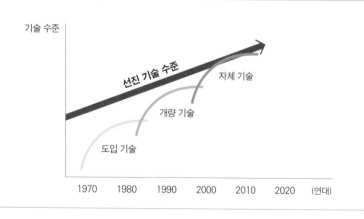

한국의 기술 발전

기술 추격의 힘겨운 과정: 누리호가 뜨기까지

청년들과 기술혁신의 원리에 관해 이야기할 기회가 종종 있는데, 그럴 때 일론 머스크가 세운 스페이스X의 동영상을 보여 주곤 한다. 발사한 1단 로켓을 최초로 지상에 착륙시킨 2015년 12월 영상이다. 이 영상의 뒷부분에 중계 화면을 숨죽여 보던 스페이스X의 젊은 직원 수백 명이 1단 로켓 착륙 순간에 서로 부둥켜안고 환호하는 모습이 나온다. 이걸 본 청년들의 반응은 대체로 비슷하다. 기술적 성취를 신기해하면서 부러워하는 표정이다.

얼마 전 우리에게도 그런 감동적인 순간이 있었다. 2021년 10월 21일 오후, 처음부터 끝까지 한국 기술로 제작한 누리호가 전남 고흥 나로우주센터에서 발사됐다. 이때 발사장 부근으로 가족과 구경 간 어린이가 폴짝폴짝 뛰면서 외친 "대한민국 만세!" 소리가 인터넷 중계를 통해 들려왔다. 1.5톤 무게의 위성을 지구 저궤도로 쏘아 올릴 수 있는 로켓이 16분간 비행했다. 발사 후 그 어렵다는 1단과 2단 작동에 성공했지만, 안타깝게도 3단 로켓의 문제로 목표 궤도에 이르지는 못했다. 그래도 성과가 분명하다. 한국이 세계에서 일곱 번째로 액체로켓 기술을 통해 1톤 이상의 실용급 위성을 궤도에 올릴 수 있는 나라가 됐다.

발사체 기술을 갖는다는 것은 어떤 의미일까? 무엇보다 우주산업 시대를 맞아 수요가 증가할 위성을 다른 나라에 기대지 않고 스스

누리호 발사

로 올려 보낼 수 있다. 그뿐만 아니라 국내에서 막 싹튼 민간 우주산업을 기술적으로 뒷받침할 인프라를 갖추게 된다. 전략적 가치도 상당하다. 자체 발사체가 있으면, 군용 또는 항법시스템용 위성 등 국가적 목적이 있는 위성을 정보 유출 없이 원하는 때 올릴 수 있기 때문이다. 여러 산업에 파급효과가 큰 극한기술의 노하우도 갖게 된다. 로켓이 발사된다는 것은 극저온(섭씨 영하 183도)과 초고온(섭씨 3300도) 사이를 순식간에 오가는 환경에서 37만 가지 부품이 수십 분의 1초 정도의 오차도 없이 조화롭게 작동한다는 뜻이다. 이런 극한 환경에서 작동하는 뭔가를 만들어 본 경험은 우리나라 과학과 산업 기술 수준을 한층 끌어올리는 기폭제가 될 것이다. 우리 힘으로 우주에 다가간다는 국민적 자부심은 말할 것도 없다.

누리호가 발사장에 서기까지는 긴 시간이 걸렸다. 1993년에 작은 크기의 관측 로켓 '과학 1호'를 쏘고 30년 가까이 지났다. 2013년에는 최초의 우주 로켓 나로호를 성공적으로 발사했으나, 핵심인 1단 추진체를 러시아에 의존하면서 아직 갈 길이 멀다는 것을 확인했다. 사실 누리호 프로젝트는 나로호가 뜨기도 전인 2010년에 이미 자체 기술 확보를 목표로 시작했고, 무려 10년이 지나서야 마침내 결실을 본 것이다. 로켓 기술은 안보와 밀접하게 연결돼 국가 간 기술 이전이 사실상 불가능하다. 자체 기술 개발에 나선다는 것은 처음부터 끝까지 스스로 시행착오를 겪으면서 기어 올라갈 각오를 해야 한다는 뜻이다. 명시적인 과학 지식뿐만 아니라 겉으로 드러나지 않는 엔지니어링 노하우가 수없이 많다는 점을 고려하면, 진창이 널린 길에서 암중모색인 셈이다. 다행히 나로호의 경험이 큰 자산이 됐다. 로켓 발사의 전 과정을 체험하면서 출발선이 어디인지를 확인할 수 있었기 때문이다.

누리호 독자 기술의 첫 번째 관문은 추진체였다. 터보 펌프와 연소기 등 개발해야 할 핵심 기술이 한가득한데, 만들어 본 적이 없으니 시험 설비조차 제대로 있을 리 없었다. 2007년에 러시아 시설을 빌려서 한 첫 연소 실험은 폭발음과 함께 처참한 실패로 끝났다. 까맣게 타 버린 잔해를 바라보는 연구원들의 심정도 숯검정이 됐을 것이다. 이런 실패를 딛고 한 발씩 나아갔다. 마침내 2016년에 75톤 추력의 엔진을 완성하고, 2021년 3월에는 이런 엔진 넷을 묶어 300톤급 누리호의 1단 로켓을 완성했다.

연료 탱크를 만드는 일도 큰 장벽이었다. 3.5미터 지름에 높이가 10미터 이상인 거대한 규모지만 몸체의 두께는 겨우 2~3밀리미터 정도로 얇아야 한다. 탱크를 둘러싸는 금속판과 덮개 돔을 어렵사리 만든다고 해도 이것들을 용접하는 방법 또한 선진국은 알지만 우리는 모르는 것이었다. 난관의 연속이다. 만들고 시험하고 다시 만들어 보는 시행착오의 집요한 축적이 유일한 해법이었다. 발사장 설치나 위성을 보호하는 페어링 제작에 이르기까지 하는 일마다 갖가지 시행착오를 겪으면서 해법을 찾아 갔다. 그리고 이렇게 몸소 겪으며 쌓아 올린 기술은 한국의 핵심 전략 기술이 됐다.

누리호 발사를 자세히 다루는 이유는 그것이 우리 과학기술과 산업 전반의 수준을 보여 주는 지표적 사건이라는 데 있다. 기초과학뿐 아니라 기계, 전자, 화학, 소재 등 각 분야의 과학 지식과 정밀 용접 같은 엔지니어링 분야의 경험과 역량이 뒷받침되지 않으면 극한기술의 집약체인 로켓의 나사 하나도 제대로 만들 수 없다. 그러고 보면 한국은 자동차와 반도체, 해양 플랜트와 전투기 그리고 이제 발사체까지 설계하고 만들 수 있는 나라가 됐다. 모두 여러 산업 분야가 골고루 세계적 수준이어야 독자적으로 완성할 수 있는 기술이기 때문에, 이 수준에 이른 나라는 전 세계에 너댓 나라뿐이다. 우리는 대부분의 주력 산업에서 그들과 같은 반열에 서게 됐다.

누리호 발사는 끈질긴 노력으로 감동을 준다. 1993년에 과학 1호를 발사할 때부터 대전의 연구원과 우주센터의 발사장, 전국의 여러 기업 등에서 수천 명이 한 가지 목표를 향해 꾸준히 기술을 축적해 왔다. 그동안 IMF 외환 위기와 글로벌 금융 위기가 쓰나미처럼 지나갔고, 주무 부처 장관이 수십 번 바뀌었으며, 여러 대통령이 현장을 방문했다. 이 변화의 소용돌이 속에서도 우리 사회 어느 한 곳에서 발사체 기술이라는 목표 하나를 염두에 두고 묵묵하고 끈질기게 시행착오를 버텨 낸 연구자, 기술자 집단이 있었다는 것을 기억해야 한다.

정점의 신호

누리호 발사는 기술 선진국이 할 수 있다면 우리도 할 수 있다는 자체 기술 개발의 대표적인 성공 사례다. 이와 비슷한 사례가 계속 나오고 있다. 반도체, 디스플레이, 가전제품에서 선진국이던 일본을 넘어선 지 오래다. 선진국형 제품이라는 배터리도 세계적 수준이다. 이 모두가 한국의 추격이 정점에 이르렀다는 신호다. 이제 기술 선진국이 되려면 '우리도 할 수 있다'는 단계를 뛰어넘어야 한다. 하지만 불행하게도 반도체를 비롯한 일부 분야를 제외하면 아직 우리 기술이 벤치마크 대상이 되는 단계에 이르지 못했다.

정점의 신호가 단적으로 드러나는 것이 학술 논문이다. 1990년대 초까지만 해도 국제 학술지에 싣는 논문이 드물었지만 해마다 큰 폭으로 늘면서 지금은 세계 12위 수준이다. 그러나 논문의 질적 수준을 나타내는 피인용 수를 기준으로 보면 세계 34위에 그치고 있다.[8] 이것은 연구를 많이 해도 그중 대부분이 선진국 연구의 후속 개발 또는 개선 성격을 띠기 때문에 한 분야를 여는 논문으로 참조할 대상은 안 된다는 뜻이다. 다시 말해, '나도 할 수 있다' 또는 '내가 좀 더 잘 할 수 있다'는 연구 결과는 추격의 성공 사례라고는 할 수 있어도 선도하는 연구로서 인정받지는 못한다. 이제 한국은 기술혁신의 차원이 다른 경계를 마주하고 있다.

화이트 스페이스에서 던지는 질문

문제를 해결하는 나라와 제시하는 나라

한국 산업계는 선진국의 로드맵이 주어진 상태에서 그것을 더 빨리 더 나은 수준으로 달성하는 데 탁월한 역량을 보여 왔다. 선진국의 로드맵은 정답이 있는 문제였고, 한국은 어떤 국가보다도 뛰어나게 문제를 해결했다. 예컨대 싱가포르 마리나베이샌즈 호텔은 외벽이 50도 넘게 기운 건물을 지상 수십 미터 높이에서 다른 건물과 연결해야 해서 도저히 실현할 수 없는 설계로 유명했다. 전 세계 유수의 건설사 열네 곳이 경쟁했는데, 결국 최적의 답을 제시하고 수주한 곳이 한국의 건설사다. 불가능해 보이던 건설을 가능하게 했을 뿐만 아니라 4년으로 예상한 공사 기간을 3년도 안 되게 줄이는 공법으로 완공했으니 정말 놀라운 문제 해결력이다. 이렇게 고객의 주문이 아무리 까탈스러워도 밤을 새워 해결한 만큼, 한국에 맡기면 답이 있다는 평판을 얻나.

스티브 잡스도 한국의 문제 해결 역량에 감탄한 적이 있다. 2000년대 중반 애플 노트북에 디스플레이를 납품하던 국내 회사가 애플 측과 협상을 벌이던 때다. 새로운 차원의 소비자 경험을 추구하던 애플이 당시 노트북 화면 비율의 표준이던 4 대 3이 아니라 16 대 9로 생산할 수 있겠느냐는 도전적 질문을 던졌다. 한국 기술자들이 어떤 사람들인가? 귀국하자마자 밤낮으로 노력한 끝에 한 달도 안 돼 문제를 해결했다.[9] 시제품을 본 잡스가 감동했고 매출이 보상으로 따라왔다.

그런데 문제를 내는 것과 푸는 것은 하늘과 땅만큼 다르다.

넷플릭스가 안방을 차지한 지금과 달리 20년 전만 해도 집집마다 비디오테이프리코더(VTR)가 있고, 동네마다 영화가 담긴 비디오테이프를 빌려주는 가게가 있었다. VTR은 1956년에 미국 암펙스사가 개발했는데, 혁신적 기술의 발전 과정에 흔히 볼 수 있듯 상업적 성공은 다른 회사의 몫이었다. 소니와 빅터 같은 일본 기업들이 1980년대 중반까지 세계시장을 석권하고 있다가 기술 추격에 나선 한국에 따라잡혔다. VTR의 핵심은 헤드라는 장치로, 이것의 숫자가 많을수록 여러 기능을 수행할 수 있다. 1990년대 VTR 개발 현장에서 벌어진 일을 다시 새겨 볼 만한데, 관계자들이 괜한 오해를 사지 않도록 조금 각색해서 전하면 이렇다. 차세대 VTR의 성능을 논의하는 자리였다. 뭘 개발하면 좋을지 묻는 리더에게 실무자들이 4헤드의 다음 단계로 6헤드를 빨리 개발해야 한다고 보고했다. 리더가 다시 물었다.

"헤드의 숫자를 늘리기보다 헤드가 아예 없는 VTR을 만들 수 있을까요?"

실무진은 고개를 저었고, 가장 중요한 근거로 당시 기술 선진국이던 일본의 기술자들이 만든 로드맵을 제시했다.

"선진국의 로드맵에 따르면 4헤드 다음은 6헤드입니다. 헤드가 없는 VTR은 로드맵에 없습니다. 불가합니다."

결국 헤드 없는 VTR 이야기는 없던 것이 되었다.

안타깝게도 한국의 혁신 생태계에서 이렇게 로드맵 밖의 질문을 받아들이지 못하는 관행이 여전하다. 로드맵 밖의 '다른(different)' 질문은 자기 검열로 없애 버리고 선진국보다 '더 좋은(better)' 기술 개발에 집중한다. 탁월한 문제 해결자의 습관에 빠져 있기 때문이다. 혹시 우리가 『어린 왕자』에 나오는 가로등지기처럼, 전보다 빨리 뜨고 지는 해에 맞춰 불을 껐다 켜느라 헉헉거리는 것은 아닐까?

가로등지기	나는 여기서 아주 힘든 일을 하고 있어. 한때는 이치에 맞는 일이었지. 아침에 불을 끄고 저녁에 불을 켰어. 낮엔 쉬고 밤엔 잘 수 있었지.
어린 왕자	그럼 그 뒤로 명령이 바뀌었나요?
가로등지기	명령이 바뀌지 않았어. 그게 비극이야! 해가 갈수록 별은 점점 빨리 도는데 명령이 바뀌지 않았거든!

최초의 질문으로 답을 찾아야

한국 기술의 발전 과정을 요약한 그림으로 돌아가 보자. 도입 기술과 개량 기술 단계를 지나 '우리도 할 수 있다'는 자체 기술 수준에 오른 개도국은 한국뿐이다. 그런데 이 세 가지 기술은 모두 선진국의 수준을 따라잡으려고 하는 상대적 기술이다. 한마디로 '뉴 투 코리아(New to Korea)' 기술이다. 선진국에는 이미 있고 한국에는 없었다는 점에서 '한국에 새로운' 기술이라는 뜻이다.

이제 한국이 진정한 기술 선진국이 되려면 '나도 할 수 있다'는 상대적 기술의 틀을 넘어 스스로 게임의 룰을 제시하며 '전 세계에 새로운[New to the World]' 기술로 나아가야 한다. 이 절대적 기술의 단계에서는 어느 누구에게도 답이 없고 질문과 시행착오만 가득하다. 한국이 마주한 고민을 그림으로 나타내면 다음과 같다.

이렇게 기술 선진국들도 길을 몰라 헤매는 경지를 생각하다 보면 앞선 이의 발자국이 보이지 않는 설원, 즉 화이트 스페이스가 떠오른다. 과거 한국의 산업과 기술은 선진의 발자국이 뚜렷이 찍혀 있는 눈밭을 걸었다. 앞사람보다 덜 쉬고 더 악착같이, 더 빠르게 걷다 보니 어느덧 그 발자국이 안 보이는 지점에 이르렀다. 이제는 기술 선진국들이 앞이 아니라 옆에서 길을 찾기 위해 이리저리 발걸음을 옮기고 있다.

벤치마크가 없는 이 화이트 스페이스에서 앞으로 나아가는 방법

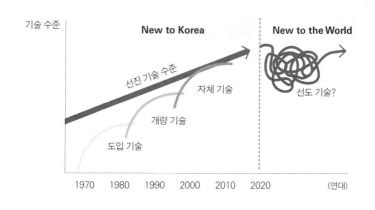

한국의 기술 발전: 확장판

은 보이는 발자국을 따르는 방법과 달라야 한다. 아무도 하지 않은 최초의 질문을 던지고 답을 찾기 위해 한 걸음 디뎌 지도를 업데이트하고 방향을 수정하면서 길을 만들어 가는 수밖에 없다. 기술 선진국이 지난 200년 동안 착실히 다진 방법이다. 이제 모방이 아니라 창조, 추격이 아니라 개척을 통해 화이트 스페이스에 길을 만들어야 한다.

얼마 전 만난 청년 벤처기업가의 이야기가 생생하다. 회사가 크지 않지만 그는 같은 분야의 경쟁사로 빌 게이츠가 투자한 실리콘밸리의 벤처기업을 꼽으며 담담하게 말했다. "매일 아침 빌 게이츠와 경쟁한다는 생각으로 일어납니다." 그에게는 추격의 기억이 없었다. 시작할 때부터 실리콘밸리 기업과 같은 눈높이에서 화이트 스페이스를 걸고 있었다. 한국의 산업과 기술을 다시 끌어올릴 희망이다. 더 많은 희망의 싹이 돋아야 한다. 이제 이 화이트 스페이스에서 최초의 질문이 이끄는 혁신 기술 탄생의 원리를 살펴보자.

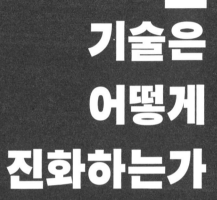

기술은
어떻게
진화하는가

2

스케일업은 힘겹게 시행착오를 거듭하는 창조적
축적의 과정이며 우연과 행운이 겹치고 경로가 바뀌면서
질문 자체가 업그레이드되는 전형적 진화의 과정이다.

혁신의 핵심 원리:
최초의 질문과
스케일업

"CPU를 만들어 줄 수 있나요?"

인텔이 메모리 칩을 설계해서 제조하는 벤처 회사로 시작한 때가 1968년이다. 대기업이 아니지만 바이폴라 기술과 금속 산화물 반도체 기술을 적용한 S램 등 초창기 메모리 칩 기술을 선도한 인텔은, 반도체 산업에서 떠오르는 혜성 같은 존재였다. 한창 성장하던 1969년에 창업자 중 한 사람인 로버트 노이스가 일본 출장에 나섰다가 인텔의 역사를 바꿀 사람을 만난다. 바로 비지컴이라는 일본 중견 기업의 코지마 요시오 대표다.[1]

당시 전자계산기를 생산하던 비지컴은 메모리 칩의 주요 소비자였다. 이때까지도 전자계산기는 작은 컴퓨터로서 논리연산, 정보 저장, 정보의 임시 보관, 입출력 관리, 전력 통제 같은 기능을 각각 담당하는 여러 개의 칩을 배치한 주기판을 쓰고 있었다. 코지마 대표의 가장 큰 고민은 생산원가를 줄이는 것이었고, 이 문제의 핵심이 전자계산기에 쓰는 칩의 개수를 얼마나 줄일 수 있는가였다. 노이스를 만난 코지마 대표가 훗날 중앙처리장치(CPU)의 개념적 기초가 되는 엉뚱한 질문을 했다.

"저장, 논리연산, 제어를 같이 수행할 수 있는 칩을 만들 수 있습니까?"

저마다 기능이 다른 10여 가지 칩을 하나로 통합할 수 있다면 당연히 비용을 획기적으로 줄일 수 있다. 칩 하나가 사실상 작은 컴퓨터 기능을 할 수 있다는 뜻에서 이것을 '칩 위의 컴퓨터'라고도 부른다. 1960년대 말부터 기술자들 사이에서 이런 칩을 만들 수 있다는 말이 오갔지만, 실제로 만들어 보려고 한 사람은 없었다. 이론적으로 가능성이 있어도 실제로 만들려면 돌파해야 할 기술적 난관이 많기 때문이다. 다행히 만든다고 해도 과연 어디에 얼마나 쓰일지 알 수도 없었다. 그런데 코지마 대표가 바로 그런 칩에 대해 물은 것이다.

코지마 대표가 반도체 칩 분야의 혁신을 위해서 이렇게 묻지는 않았다. 칩 전문가가 아니라서 당연히 그 해법도 몰랐다. 칩 수요자로서 비용을 줄일 수 있지 않을까 싶어 물었을 뿐이다. 이 질문을 들은 노이스도 확신이 없었지만, 어쨌든 문제를 풀어 보기로 하고 계약했다. 비지컴에 특화된 연산 로직 기능을 설계하는 대가로 10만 달러를 주고, 제품이 생산되면 칩 하나당 50달러에 6만 개를 구매한다는 조건이었다. 이 계약 내용을 들은 실리콘밸리 인텔 본사의 경영진과 설계 팀은 경악했다. 그때만 해도 작은 벤처기업이던 인텔이 새로운 설계에 들일 자금과 경험이 충분하지 않았고, 무엇보다 아무도 해 보지 않은 개념이라 실패 가능성이 높았기 때문이다.

아니나 다를까 무려 2년의 시행착오 끝에 1971년 1월에야 겨우 시제품을 완성할 수 있었다. 그 뒤로도 우여곡절이 있었지만, 같은 해 11월에는 첫 제품의 설계에 기초해 역사상 최초의 범용 CPU인 인텔 4004를 출시했다. 그러나 사겠다는 기업이 없었다. 새로운 개념의 제품이라 어찌 보면 당연했다. 그 와중에도 1972년에 8008, 1974년에 8080, 1978년에는 8088을 내놓으면서 끊임없이 성능을 개선했으나 시장의 반응은 여전히 냉담하기 짝이 없었다.

적절한 수요처를 찾아 좌충우돌하던 중 마침내 1981년에 IBM

인텔이 만든 최초의 CPU(4004)와 근래의 CPU(코어 i7)

의 첫 개인용 컴퓨터인 5150 모델에 채택되면서 인텔 제국의 시대가 열렸다. 이때부터 인텔의 CPU 없이는 컴퓨터 산업이 돌아가지 않게 되고, 인텔이 CPU를 업그레이드할 때마다 전 세계 컴퓨터 업계가 발 맞춰 움직이게 되었다.

세상에 없던 CPU라는 개념이 탄생하고 자리 잡기까지 걸린 10여 년을 잘 뜯어보면 혁신적 개념설계의 핵심 원리를 알 수 있다.

최초의 질문과 스케일업의 원리

인텔 CPU의 탄생을 한마디로 정리하면, 코지마가 낸 최초의 도전적 문제를 노이스가 이끄는 인텔이 받아 시제품을 만들고 한 단계씩 스케일업을 통해 답을 찾는 과정이다. 이를 그림으로 나타내면 다음과 같다.

스케일업은 힘겹게 시행착오를 거듭하는 창조적 축적의 과정이며 우연과 행운이 겹치고 경로가 바뀌면서 질문 자체가 업그레이드되는 전형적 진화의 과정이다. 인텔 CPU의 탄생 이야기에서 흔히 주목하지 않고 지나치기 쉬운 것이 코지마가 처음 던진 질문의 중요성이다. 칩의 전문가가 아니고 해법도 모르면서 CPU라는 새로운 개념을 만들 수 있는지 물었다. 이 최초의 질문이 없었다면 새로운 개념이 탄생하는 혁신의 과정은 시작도 할 수 없었다. 시행착오를 축적할 각오로 실행에 나설 준비가 되어 있어도 최초의 도전적 질문이 없으면 시행착오를 해 볼 일이 없으니 축적은 아예 없다. 어제 하던 일을 오늘 하려고 할 때나 남이 이미 한 일을 나도 해 보려고 할 때는 축적의 가치가 있는 시행착오가 생기지 않기 때문이다. 최초의 도전적 질문을 흘려듣지 않고 답을 찾아 나선 노이스의 혜안도 중요하기는 마찬가지다. 최초의 도전적 질문을 던지거나 그 가치를 알아보고 채택하는 것, 모두 혁신적 기술의 출발점이다.

최초의 도전적 질문과 치열한 스케일업은 여러 기술혁신 사례에서 보인다. 2020년 1월 미국 라스베이거스의 세계가전전시회(CES)에서 미래 산업의 주도권을 놓고 벌어지는 치열한 기술 경쟁 현장을 둘러보던 중 운 좋게도 조용히 자율 주행 시스템을 개발해 온 퀄컴의 시

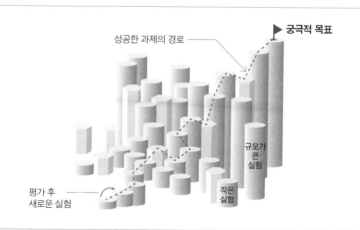

스케일업 과정

험용 차량을 타 볼 수 있었다. 이때 자동차가 사람처럼 '눈치'를 본다는 낯선 느낌을 받았다. 고속도로에 들어설 때 왼쪽 뒤에서 달려오는 차를 보고 속도를 조절하며 '밀당'하는 느낌이나, 차선을 바꾸려고 할 때 옆 차선의 차가 갑자기 속도를 올리면서 다가오자 소심하게 '자제' 하는 느낌이 너무 낯설었다.

자율 주행 차량이라는 개념이 1939년 뉴욕 세계박람회에서 처음 등장했지만, 사실상 현대적 의미의 자율 주행 자동차와 관련된 최초의 질문은 2002년에 제기되었다. 미국 방위고등연구계획국(DARPA)이 "모하비사막의 240킬로미터 구간에서 자율 주행 차량이 달릴 수 있는가?" 하고 물은 것이다. 이 도전적 질문에 답하겠다고 수많은 팀이 나섰다. 본선에 나설 열다섯 팀이 가려지고, 2004년 3월 13일에 해답을 선보이는 첫 번째 대회가 열렸다. 결과는 볼 것도 없었다. 답이 정해지지 않는 최초의 질문에 아무도 답할 수 없다는 점은 이미 모두가 알고 있었다. 두 대는 아예 출발선에서 멈췄고, 한 대는 출발하고 바로 뒤집어졌다. 얼마 못 가 거꾸로 가는 차가 나오는 등 코미디 같은 상황이 펼쳐졌다. 선두를 달리던 카네기멜론대학의 샌드스톰은 그나마 세 시간 넘게 달렸지만, 겨우 11.8킬로미터 거리였으며 곡선 주로에서 길을 벗어나 제방을 박았다. 구경하던 사람들과 참가자들은 배를 잡고 웃거나 안타까움에 탄성을 질렀다. 100만 달러라는 상금을 받아 간 팀은 없었다. '모하비 사막의 대실패'라고 불리는 난장이었다.

그러나 성능을 조금씩 높이는 스케일업이 이어졌고, 2010년에 구글이 실제 도로에서 자율 주행 시험에 성공했다. 지금까지 전 세계 수많은 자율 주행 차량이 저마다 수백만 킬로미터씩 주행 기록을 쌓으면서 스케일업의 계단을 오르고 있다. 내가 타 본 퀄컴의 차도 그중 하나다. 이 모든 스케일업을 일으킨 최초의 질문을 기억하는 것이 중요하다.

"모하비사막의 240킬로미터 구간에서 자율 주행 차량이 달릴 수 있는가?"

최초의 질문은 지금까지 보지 못한 해법을 요구한다. 따라서 처음 제시되는 해법은 정답이 아니고, 당연히 보잘것없다.

오늘날 온갖 모양과 기능을 가지고 있는 컴퓨터 마우스만 해도 처음에는 글자 그대로 나무통에 가까웠다. 1968년 미국에서 더글러스 엥겔바트가 만든 최초의 마우스, 즉 '디스플레이 시스템을 위한

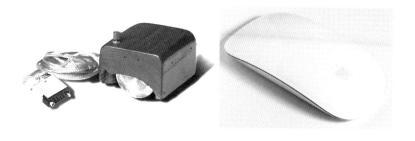

최초의 마우스(왼쪽)와 최근 애플 마우스

X-Y 좌표 표시기'는 나무통에 둥근 금속을 넣은 것이었다. "디스플레이 위의 움직임을 표시할 수 있을까?"라는 최초의 질문에 전혀 인상적이지 않은 대답이었다. 그런데 첫 번째 마우스의 발전 가능성을 인식하고 다시 질문을 던진 사람이 바로 애플의 잡스다. 1980년, 애플이 당시 디자인 업계의 스타트업이던 허비켈리사에 마우스 디자인을 맡기면서 한 단계 진전된 질문을 던졌다. "청바지 위에서도 움직이는 마우스를 만들 수 있을까요?" 이 질문에 대한 답도 지금 보기에는 투박하기 짝이 없다. 허비켈리사가 오늘날 디자인 기업의 대명사인 아이데오(IDEO)가 되었는데 말이다.

꽃을 보고 씨앗을 알 순 없다. 이와 마찬가지로 씨앗을 보고는 어떤 나무로 클지 짐작할 수 없다. 최초의 질문과 그에 대한 첫 번째 답은 씨앗이다. 대부분의 씨앗은 사라지겠지만, 살아남은 씨앗은 비바람을 맞기도 하고 갖가지 양분을 흡수하면서 조금씩 자라 마침내 생태계에 자기 존재를 알리는 꽃과 나무가 된다. 좋은 글을 쓰는 길이 형편없는 초고 쓰기라고 한다. 시작이 반이라고 강조하는 말인데, 내가 보기에 그런 초고라도 쓰려면 질문이 필요하다. "왜 쓰고 싶은가?" "무엇을 쓸 것인가?" 그리고 이런 최초의 질문을 품은 사람은, 훌륭한 결과에 집착하지 말고 일단 써야 한다.

최초의 질문이 이끄는
기술의 진화

기술은 조합이다

혁신의 씨앗이 되는 최초의 질문은 '기존 분야에서 모범으로 받아들여지고 있는 것과는 다른 규범을 제시하려는 뜻이 담긴 질문'이다. 따라서 그 해법을 찾는 데도 다른 방식이 필요하다. 이런 면에서 최초의 질문은 '답이 정해지지 않은 질문'이다. 설명되지 않던 현상을 설명하려고 하는 것, 논리의 빈 부분을 채우려고 하거나 서로 다른 이론의 충돌을 설명하려고 하는 것이 최초의 질문에 해당한다. 사업 면에서는 업계에서 통용되는 로드맵을 벗어나는 목표를 제시하거나 시장을 새롭게 정의하는 것이 최초의 질문에 해당한다.

최초의 질문을 현실의 해법으로 옮기려면 기존 기술을 조합해야한다. 이 조합이 기술혁신에서 가장 중요한 원리다. 원시시대에 구부러진 막대기와 동물로부터 얻은 실을 결합해 활을 만드는 것처럼 몇 안 되는 초기 기술을 조합하고 그 결과를 다시 조합의 재료로 삼다 보면 시간이 지나면서 기술적으로 무한히 많은 대안을 얻을 수 있다. 예를 들어, 두 가지 기술밖에 없는 단순한 세계에서 이를 조합해 세 번째 기술을 만들어 낸다. 그럼 원래 있던 두 가지에 새로 하나가 더해져서 조합의 재료가 셋으로 늘어난다. 이 셋을 둘씩 조합해서 만들 수 있는 기술은 세 가지가 되고, 다음 단계의 기술적 대안을 만들 재료는 여섯 가지로 늘어난다. 이 논리에 따르면 처음 두 가지에서 시작한 기술 대안의 수가 시간이 지남에 따라 3, 6, 21, 231 등으로 곧 무한에 가까워진다. 두 가지를 조합하는 데서 그치지 않고 세 가지, 네 가지 등 더 크게 조합하는 가능성을 생각하면 조합의 수가 급격히 커지는 것이 이해된다. 물론 이런 기술의 조합이 모두 의미 있지는 않기 때문에, 우리 주변에 존재하는 기술의 수는 무한하지 않다. 하지만 시간이 지날수록 새로운 대안이 될 기술의 재료는 헤아리기 힘들 만큼 많아질 수밖에 없다.

조합의 힘은 인간이 쓰는 물건의 수를 통해 바로 알 수 있다. 원시 부족사회로 돌아가 인간이 일상적으로 쓰는 물건의 종류를 헤아려 보면 돌도끼와 뼈바늘을 비롯해 자질구레한 것까지 다 해도 1000여 종으로 추정된다. 오늘날 평범한 가정에는 몇 가지 물건이 있을까? 치약이나 칫솔에서 시작해 세탁기, 냉장고와 그 속에 있는 냉동 만두까지 목록에 적어 보면 그 다양함에 깜짝 놀란다. 아마존에서 팔리는 물건만 해도 7500만 종, 재고관리코드(SKU)상으로는 3억 5000만 종 이상이다.[2] 정말 이렇게까지 많을까 싶다가도 우리나라 할아버지 장인이 만든 호미가 팔린다는 사실을 떠올리면 이해가 된다. 게다가 아마존에 인공위성이나 첨단 전자현미경 같은 것은 없으니, 이런 것들까지 포함하면 인간이 만든 물건의 수를 헤아리는 것 자체가 불가능할 정도다. 다시 말해, 원시시대부터 지금까지 1000여 종이던 물건이 수천만 종으로 늘어난 것은 기술의 조합 덕분이다. 생물학자들은 지구상에 아직 알려지지 않은 것까지 포함해 약 1500만 종의 생물이 있다고 본다. 적절한 비교일지 몰라도 자연계의 생물보다 인간이 만든 물건이 훨씬 다양한 것은 분명하다.

유형적인 물건뿐 아니라 특허나 비즈니스 모델 등 인간이 인위적으로 만든 것을 통틀어 기술이라고 한다면, 문명의 발전은 기술이 조합을 통해 누적적으로 다양해지는 과정으로도 볼 수 있다. 오늘까지 존재하는 기술의 조합으로 내일의 신제품이 탄생하는데, 이 조합은 모두 새로운 문제를 풀어 보려고 하는 최초의 질문에 답하는 과정에 만들어진다. 달리 말하면, 과거 기술의 조합이 아니라 하늘에서 뚝 떨어진 기술은 없다. 알버트 아인슈타인의 상대성이론도 아이작 뉴턴으로부터 이어진 물리학의 발견들을 재료로 만들어졌다. 아인슈타인 당대만 해도 마르셀 그로스만, 존 휠러, 다비트 힐베르트, 미셸 베소, 에른스트 마흐 등으로부터 영향을 받았다.[3] 즉 새로운 질문에 답하기 위해 선배와 동료 과학자 들이 만들어 낸 지식을 조합했다.

비즈니스 세계에서도 조합의 원리는 같다. 최초의 대담한 질문을 풀어 가는 방법을 단 한 가지 아이디어로 만들기보다는 기존 기술과 경험의 조합을 통해 만들어야 한다. 픽사를 만들어 컴퓨터 애니메이션이라는 새 장르를 연 애드윈 캣멀도 그랬다. 컴퓨터 알고리즘 전문가였던 그는 1970년대부터 "컴퓨터로 장편 애니메이션을 만들 수 있을까?"라는 당시로서는 다소 황당한 질문을 가슴에 품었다. 그 답을 찾는 기나긴 여정에 앨비 레이 스미스의 그래픽 기술과 존 라세터의 전통적인 애니메이션 분야 경험이 결정적 조합의 재료로 등장한다. 캣멀의 마음속에 있던 최초의 질문이 무려 20년 동안 스케일업되어 마침내 픽사의 첫 장편 애니메이션 「토이 스토리」로 빛을 보았다.[4]

최초의 질문은 주변에 활용할 수 있는 재료에 따라 수준이 달라진다. 아프리카의 가난한 나라에서는 "구멍 난 자전거 타이어와 끈을 조합해서 신발을 만들 수 있지 않을까?" 하고 비교적 단순한 질문을 하겠지만, 첨단 기술 정보가 널린 실리콘밸리에서는 "줄기세포로 치매 치료제를 만들 수 있지 않을까?" 하고 인류의 삶을 바꿀 상상이 펼쳐진다.

한편 조합은 무작위적으로 하지 않는다. 대부분의 조합은 쓸모가 없어서 버려진다. 무한한 조합 가운데 의미 있는 조합을 가려내는 기준은 최초의 질문에 있다. 즉 조합은 무한하지만, 게임의 규칙을 새롭게 쓰는 독창적인 조합은 독창적인 질문이 있을 때 탄생한다. 질문이 독창적이라면 어떤 재료든 새로운 의미가 있는 조합에 쓰일 수 있다. 창의성에 대해 처음부터 모든 것을 스스로 만들어야 한다고 강박 관념을 갖는 경우가 있는데, 착각이다. 새로운 자동차를 꿈꿀 때 그 누구도 자동차 바퀴나 볼트, 너트부터 설계하지 않는다. 바퀴와 볼트 는 가장 발전된 것을 가져다 쓰고, 귀한 시간을 혁신적인 최초의 질문 을 다듬고 해결책의 프로토타입을 만드는 데 쓰는 편이 현명하다.

당대의 선진적 지식 재료를 공유하고 있으면, 질문의 지향과 수 준도 비슷해진다. 그래서 조금씩 다를 뿐 비슷한 최초의 질문을 여러 사람이 동시에 제기하는 경우가 많다. 예를 들어, 17세기 유럽 지성계 에는 천문학과 수학의 발견이 새로운 조합의 재료로 속속 등장해 공 동 지식 자산처럼 존재했다. 그런 지식이 '공기처럼 떠돌고 있었다'고 까지 말하는 사람도 있다. 이런 상황에 로버트 훅, 고트프리트 라이프 니츠, 뉴턴 등이 비슷한 생각을 했다. 특히 라이프니츠와 뉴턴은 변화 량을 다룰 새로운 기법이 있지 않겠느냐는 질문을 제기하고, 거의 동 시에 미적분학을 발견했다. 열역학 제1법칙인 에너지보존법칙도 19세 기 중엽까지 발전 상황이 비슷하던 유럽에서 과학자 10여 명이 비슷 한 문제의식을 제기한 가운데 로베르트 마이어, 제임스 줄, 헤르만 폰 헬름홀츠 등 여러 과학자가 동시에 발견한다. 그 유명한 진화론도 찰 스 다윈과 앨프리드 월리스가 동시에 수상했다.[5] 그래서 수준 높은 아이디어의 재료들이 집중된 곳에서는 도전적인 최초의 질문이 다발 로 쏟아져 나오기도 한다.

2000년대 아마존과 스페이스X가 앞서거니 뒤서거니 재사용 로켓에 관한 최초의 질문을 던질 수 있었던 것도 컴퓨터, 제어, 정밀기계 기술 등 실리콘밸리에 집결된 뛰어난 재료를 공유했기 때문이다. 따라서 한 나라가 기술 선진국인지 추격국인지는 질문의 종류와 수준을 통해 바로 판단할 수 있다.

기술은 변화하며 성장한다

인텔 CPU의 탄생 과정에서 볼 수 있었듯이 최초의 질문에서 출발해 그 답을 찾아가는 과정은 길고 지난하다. 기술은 그렇게 예상치 못한 장벽과 우연한 기회를 만나 변화하며 성장한다. 이 과정을 일반화할 수도 있다.[6] 먼저 최초의 도전적 질문이 제기되고, 허술하지만 첫 해법이 탄생한다. 그러나 이것이 세상을 바꾸는 혁신이 되는 경우는 거의 없다. 다음 단계로 보조적 기술이 더해지면서 성능이 개선된, 첫 해법의 두 번째 버전이 탄생한다. 그러는 동안 도전적 시행착오가 축적되고 성능이 계속 높아진다. 세 번째 단계에는 원래 활용될 것으로 기대한 분야 대신 다른 분야에서 더 나은 쓸모를 찾는다. 이렇게 성능 개선과 적절한 수요처 찾기를 반복하다 크게 성공하는 수요처를 만나는 네 번째 단계를 거쳐, 잠재성만으로 평가되던 미완의 기술이 드디어 현실의 기술로 꽃핀다. 마지막 단계에서는 한창 각광받던 기술이라도 새로운 기술의 등장에 따라 내리막길을 걷다가 무대에서 사라진다.

1997년에 문을 연 넷플릭스의 비즈니스 모델도 이렇게 구불구불한 진화의 길을 거쳐 성장했다. 최초의 질문은 단순하기 짝이 없었다. "영화를 아마존에서 물건 사듯 온라인에서 주문하고, 내 집 탁자 위로(OTT, Over The Top) 가져올 수 없을까?" 새로운 기술이 조합에서 만들어진다고 했다. 넷플릭스 창업자가 던진 이 최초의 질문도 당시 막 열풍을 일으키고 있던 아마존의 배송 모델과 블록버스터의 비디오 대여 모델을 조합한 것이다. 물론 이 조합의 지향점을 제시한 것은 최초의 질문이다. 질문은 독창적이지만, 그에 대한 초기의 답은 보잘것없었다. 당시 판권을 확보한 영화는 로열티가 싼 흥행 실패작이 많았고, 배송 중 깨지는 DVD도 적지 않았다. 그러나 작은 반향이 일기 시작했다.

넷플릭스가 2007년에 스트리밍 서비스를 내놓았는데, 영화를 소비자의 탁자 위로 가져다준다는 최초의 질문에 기초하되 인터넷이라는 보완적 기술의 발전을 받아들여 질문의 수준을 높이고 해법의 방향을 조정했다. 이 두 번째 질문 역시 그 독창성으로 시장에 반향을 일으켰다. 2011년에는 세 번째로 업그레이드된 질문을 제시한다. "콘텐츠를 직접 제작해 보면 어떨까?" 이것이 바로 「오징어 게임」의 세계적 히트를 낳은 모델이다.

인텔이 'CPU를 만들 수 있는가'라는 최초의 질문을 받아 첫 번째 답을 제시한 1971년으로 돌아가 보면, 10년 뒤 IBM PC 5150에 채택되면서 결국 컴퓨팅 세계를 지배하리라고 기대한 사람은 없었다. CPU라는 희미하지만 독창적인 최초 질문의 지향은 계속 살아 있었다. 그러나 실제로 구현된 모습은 새로 등장하는 보완적 기술을 채택하고 새로운 수요자를 만나면서 계속 변했다. 최초의 질문이 화살이라면, 날아가는 동안 경로가 계속 수정된 것이다. 따라서 CPU의 첫 버전인 4004와 10년 뒤 IBM PC 5150에 채택된 8008은 기능과 목적 면에서 같은 것이라고 볼 수 없다.

넷플릭스의 경우도 마찬가지다. 1997년에 빨간 봉투에 담긴 DVD를 보면서 25년 뒤 전 세계 2억 1000만 명 이상의 가입자가 170억 번 넘게 본 「오징어 게임」의 플랫폼으로 진화할 것을 알 수는 없다. 결과를 보고 원인을 찾을 수는 있어도 싹도 안 튼 씨앗을 보고 미래를 예측하는 것은 인간의 영역이 아니다.

최초의 질문이 성장하는 과정은 미래를 다 아는 신적인 존재가 계획하고 준비한 길을 따라 걷는 것이 아니다. 오히려 최초의 질문을 푯대 삼아 고지에 오르려고 노력하고, 장애물을 만나면 질문을 조금 바꿔 대응한다. 기회가 생기면 방향을 수정하고, 어렵게 오른 고지에서 다시 다음 질문을 생각하며 기어올라 가는 과정의 연속일 뿐이다. 그래서 기술혁신의 진화 과정과 어울리는 표현은, 근시안적인 면을 강조한 '벌레의 시각'이다. 성공한 다음 역사를 거슬러 보면 그때까지 겪은 모든 탐색과 굴절, 도전과 좌절이 성공에 꼭 필요한 과정이었다고 포장할 수 있다. 하지만 이것은 후견지명의 오류다. 역사는 거꾸로 흐르지 않는다. 앞으로 흐르는 시간의 미래를 정확히 볼 수 있는 사람은 없다.

그런데 동서남북으로 마구잡이로 움직이는 벌레는 먹이를 찾을 수 없다. 벌레도 지향점이 있어야 한다. 높이 오르려고 하든 달콤한 것을 찾든 지향이 있어야 하고, 그 지향을 밝히는 등대 구실을 하는 것이 필요하다. 생물계에서 변이가 너무 다양하면 새로운 종이 탄생하기 어렵다. 전해지는 것이 적기 때문이다. 기술의 진화도 마찬가지다. 연구자든 기업가든 오늘 이것 하다 안 되면 내일 저것 찌르는 식으로 보이는 대로 또는 들은 대로 지향점 없이 마구잡이 시도를 하면 탁월해질 수 없다. 지향점이 없으니 실패에서 학습과 축적이 안 되고, 당연히 질문도 업데이트되지 않는다. 최초의 질문이라는 지향점이 있으면 오늘 비록 성과가 없고 실패했어도 방향을 수정할 교훈을 얻지만, 지향점이 없으면 실패하는 순간에 뭔가를 배우기는커녕 짐 싸서 뜰 생각부터 하게 된다.

최초의 질문:
자격과 종류

과학기술 관점에서 최초의 질문

"스스로 진화하는 생물을 인간이 만들 수 있을까?" 어찌 보면 금기일 수도 있는데, 이런 최초의 질문이 1995년에 톰 나이트의 머릿속에 떠올랐다. 1968년에 인터넷의 초기 형태인 아파넷(ARPANET)의 인터페이스를 디자인했을 정도로 컴퓨터 분야 고수인 그가 우연히 생물학 개론 강의를 듣던 중 생물의 원리가 자신이 잘 아는 컴퓨터 회로나 신호처리 원리와 비슷하다는 생각이 들었다. 여러 가지 소자를 조합해서 반도체 칩을 만들고 이를 조합해 특정 기능을 수행하는 컴퓨터를 만들듯, 기능을 알고 있는 유전자들을 조합해서 특정 기능을 수행하는 생물을 만들 수도 있지 않겠느냐는 희미한 생각이었다. 컴퓨터와 생물학의 재료를 조합해 독창적인 최초의 질문을 제기한 것이다.

2003년에는 나이트가 이미 알려진 유전자 코드를 레고 블록처럼 생각하고 한데 모으는 '표준 바이오 부품 데이터베이스'를 제안했다. 마침 운 좋게도 1990년대부터 시작된 인간게놈지도 연구의 성과가 2003년에 공개돼, 나이트가 제시한 최초의 도전적 질문이 커 나갈 엄청난 지식의 보고가 열렸다. 차세대 염기 서열 분석 기술의 발전도 이어지면서 다양한 생물의 유전체 기능이 적은 비용으로 빠르게 분석되고, 조립 재료인 블록이 급속도로 늘어났다. 나이트의 제안으로 2003년부터 해마다 열리는 국제합성생물학경진대회(iGEM) 참가자들은 독창적인 조합을 앞다퉈 선보이고 있다.

이 분야에서도 조합의 재료를 공유한 사람들이 비슷한 시기에 비슷한 질문을 품었다. 인간게놈 계획에 중요한 구실을 했지만 학계의 이단아로 불리던 크레이그 벤터가 나이트와 비슷하게 "생물을 인공적으로 합성할 수 있지 않을까?"라는 질문을 가졌다. 그리고 유전체 연구 기관을 만들어 시행착오를 거듭하다 2010년 5월 《사이언스》에 「화학적으로 합성된 유전체가 조절하는 세균 세포의 창조」라는 기념비적 논문을 실었다.[7] 실험실에서 합성된 유전체 정보만으로 생명현상이 유지되는 최초의 생명체 신(Syn) 1.0을 발표한 것이다.

이제 합성생물학은 생물학적 정제·바이오에너지·백신·생물 치료제·생체 감지기 등이 포함된 거대 분야가 되었고, 최근 인공지능 알고리즘과 컴퓨팅 능력의 향상에 따라 발전 속도가 더 빨라지고 있다. 코로나19 유행에 따른 위기 속에 존재감을 드러낸 mRNA 백신도 합성생물학의 도움을 받았다.

2021년에 상장사가 된 생명공학 회사 징코바이오워크스는 2022년 2월 말 시가 총액이 73억 달러(약 8조 7000억 원)를 넘었고, 나이트를 포함한 창업자들은 억만장자가 되었다. 이 회사가 대표하는 바이오 파운드리 산업은 고객에게 받은 설계도에 따라 합성생물을 만드는 데 집중하며 최근 급부상했다. 비메모리 반도체 분야에서 타이완의 TSMC가 고객의 설계도를 받아 빠르고 정확하게 생산하며 업계의 선두로 발전한 것과 닮았다.

합성생물학이 지금은 하나의 거대한 장르가 되었지만 그 시작을 따지고 보면 인간이 새롭게 알게 된 과학적 원리, 즉 '컴퓨팅의 원리와 유전자의 원리를 이용해 볼 수 있을까'라는 최초의 질문에서 출발했다. 좀 더 일반적으로 생각해 보면, 지금까지 인간이 이해하지 못한 자연의 원리를 이해하고 이용하려고 하는 순간에 최초의 질문이 탄생하고 기술혁신의 바퀴가 구르기 시작한다. 폭포에서 물이 떨어지는 것을 그저 자연현상으로만 보던 고대인이 어느 순간 위치에너지를 인식하고 그 힘을 물레방아로 활용할 궁리를 하는 것과 같다. 물이 끓으면 증기가 생기고 부피가 커지는 현상도 오래전부터 있었지만, 그 원리를 이해하고 이용할 생각을 한 뒤에야 증기기관이 탄생했다.[8] 한마디로, 자연의 원리를 역설계하는 순간 인간의 필요에 맞게 이용할 새로운 기술에 관한 질문이 탄생한다.

17세기 과학혁명 이후 자연의 원리에 대한 과학적 이해가 급속히 증가했다. 눈에 보이지 않는 전기나 전파를 이해하면서 전자 산업이 탄생했고, 최첨단 현미경을 써야 겨우 보이는 유전자의 작동 원리를 이해하면서 이것을 조작해 이용할 유전공학의 가능성에 대한 질문이 나왔다. 오로지 사고실험으로 자연의 원리를 역설계한 상대성이론이 원자력발전과 GPS 위치 보정에서 활용처를 찾게 된 것도 같은 방식으로 볼 수 있다. 앞으로도 과학이 발전하면서 자연의 원리가 하나둘씩 더 밝혀지고, 그에 기반한 최초의 질문도 계속 나올 것이다.

그런데 이런 과학기술에 기초한 질문은 과학기술자 집단이나 제품을 만들고 공급하는 기업이 제기하다 보니 활용처가 불분명한 경우가 많다. 1877년에 토머스 에디슨이 공기의 진동, 즉 소리를 전자기적 신호로 전환하고 적절한 매체에 기록할 수 있지 않을까라는 최초의 질문을 발명가로서 던졌다. 그러나 어렵게 구한 해답인 축음기의 초기 버전을 어디에 쓸 수 있을지 알기 어려웠다. 그래서 다양한 용도를 상상하는데, 그중 첫 번째가 속기사 없이 받아쓰기고 특허청에 제출한 이름도 '토킹 머신(talking machine)'이다. 그가 생각한 열 가지 쓰임새[9] 기록을 보면, 위대한 발명가도 자신이 제기한 최초의 질문이 품은 가능성을 잘 몰랐던 것 같다. 그래서 과학기술 관점의 도전적 질문은 기술적 해답을 업그레이드하는 과정 못지않게 알맞은 수요처를 찾는 과정에서 많은 시행착오를 겪게 된다.

과학기술 전문가가 주도하는 공급자 관점에서 최초의 질문을 제기하려면 교과서에 얽매이지 않은 자유로운 상상이 필요하다. 원론적

에디슨과 최초의 축음기

이면서도 수준 높은 첨단 과학기술의 재료도 많아야 한다. 창의적 기초연구가 강한 나라에서 창발적인 제품과 비즈니스 모델이 많이 등장하는 이유가 여기에 있다.

수요자와 시장 관점에서 최초의 질문

진공청소기를 쓰는 사람은 머리카락과 먼지가 두껍게 쌓인 먼지 봉투를 털고 청소기에 다시 집어넣는 과정을 역겹고 불편하다고 느끼기 마련이다. 이에 영국의 기업가 제임스 다이슨이 1979년에 진공청소기 업계의 상식에 도전하는 최초의 질문을 던졌다. "먼지 봉투 없는 청소기를 만들 수 있을까?" 그리고 이 질문에 대한 기술적 답이 엉뚱한 데서 나왔다. 당시 목재소에서 먼지를 배출하려고 쓰던 집진기, 즉 높이가 9미터나 되는 원심분리기를 본 다이슨이 그걸 작게 줄여서 청소기에 적용하면 되겠다고 생각한 것이다. 소비자로서 겪은 불편에서 나온 최초의 질문에 대한 답은 진공청소기와 원심분리기라는 두 가지 기존 기술의 조합이었다. 그 뒤 첫 프로토타입을 만들고 무려 10년이 넘도록 5127번이나 시행착오를 축적하면서 스케일업해 나갔다. 마침내 1993년에 원심분리 방식을 적용한 세계 최초의 진공청소기 'DC01'을 내놓고 시장을 석권하기 시작했다.

마이크로소프트(MS)의 해저 데이터센터도 수요자 관점의 질문에서 시작되었다. 데이터 경제가 확산되면서 마이크로소프트, 구글, 아마존, 페이스북 등 세계적 클라우드 업체가 거대한 서버를 관리하는 데이터센터를 세계 곳곳에 설치했다. 이들이 운영하는 데이터센터 중 서버 10만 대 이상의 거대 규모인 곳이 전 세계에 600개에 이르고, 건립 예정인 것만도 200개가 넘는다.[10] 데이터센터 운영의 핵심이 그 내부 온도를 섭씨 20도 안팎으로 유지하는 것이니 엄청난 전기가 필요할 수밖에 없다. 2019년 기준 전 세계 데이터센터가 소비하는 전력량이 200테라와트시로 추산되는데, 2020년 한국의 총발전량이 552

테라와트시인 것을 감안하면 어마어마한 양이다. 상황이 이렇다 보니 마이크로소프트의 서버 전력을 관리하는 연구원이 최초의 도전적 질문을 던졌다. "데이터센터를 바닷속에 두면 자연스럽게 낮은 온도가 유지되지 않을까?"

전력 소비를 줄일 방법을 찾고 싶은 연구원으로서 해 본 질문이지만 조금만 생각해 봐도 말이 안 되는 질문이다. 높은 온도를 낮추려고 바닷속에 두면 당연히 주변 바닷물의 온도가 올라가 해양 생태계에 파괴적 영향을 줄 수 있기 때문이다. 중학생 정도의 과학 지식이 있는 사람이라면 누구라도 손사래를 칠 일이다. 그런데 놀랍게도 그 부서의 리더가 이 질문을 채택하고 2015년부터 해법을 찾기 위한 시험에 들어갔다. 서버가 담긴 작은 컨테이너를 바다에 넣었다 빼기를 반복하다가 2018년에는 35미터가 넘는 길이의 해저 데이터센터 모듈을 스코틀랜드 앞바다에 넣고 2년간 전력 소모량, 고장률, 해양 생태계에 미치는 영향 등에 대해 다각도로 시험한 결과를 발표했다. 놀랍게도 2021년에는 중국이 하이난 앞바다에 마이크로소프트의 모델을 따라 최초의 상업용 해저 데이터센터를 설치하겠다고 발표했다.[11]

이 프로젝트가 성공할지는 알 수 없다. 만약 성공한다면, 1800년대에 시작된 해저케이블 못지않게 영향력이 큰 새로운 게임의 룰이 만들어질 것이다. 이 새로운 게임의 룰을 만든 전 지구적 거대 프로젝트의 출발점에 있던 최초의 질문을 기억해 두자. 그 이후 오랫동안 스케일업을 거듭하고 있다는 기술혁신의 원리도.

기술의 공급자가 제기하는 질문에 대한 해답이 여러 시장에서 활용될 수 있다면, 수요자가 제기하는 질문에 대한 기술적 해답은 여럿일 수 있다. 그중 하나가 선택되는 것은 우연이 겹친 결과다. 현대 산업디자인의 아버지로 불리는 레이먼드 로위가 이를 잘 보여 준다. 코카콜라 병을 비롯해 기차, 자동차, 담뱃갑 등 손대지 않은 분야가 없을 정도인 그가 한번은 경쟁사의 디자인 도용에 따른 소송의 증인으로 법정에 나섰다. 경쟁사는 제품이 특정 기능을 수행하려면 로위의 디자인을 따를 수밖에 없으니 도용은 아니라고 강변했다. 그런데 증인석에 있던 로위가 겨우 10분 만에 그 기능을 수행할 수 있는 디자인을 20여 가지나 그려 보였다.[12] 어떤 문제에 대한 기술적 해법이 유일하지 않음을 단번에 보인 것이다. 디자인 업계에 전통적으로 '형태가 기능을 따른다'는 믿음이 있었지만, 이 사건의 교훈은 '형태가 기능을 따르지 않는다'는 것이다. 수요자로서 제기한 최초의 도전적 질문이 기능이라면, 이 기능에 알맞은 기술적 해법인 형태가 유일하지 않다는 말이다.

먼지 봉투 없는 청소기도, 해저 데이터센터도 지금 우리가 보는 형태와 얼마든지 다르게 구성될 수 있다. 지금과 같은 형태를 갖게 된 것은 우연과 행운 그리고 불운까지 겹쳐 형성된 다중우주의 한 갈래일 따름이다. 성공하고 나서 마치 유일한 해법이 원래 있던 것처럼 말할지 몰라도, 이 역시 전형적인 후견지명의 오류다. 이것이 수요자 관점에서 제기된 최초의 질문에 답하려 할 때 가능한 한 많은 분야의 전문가들과 협업하면서 폭넓게 대안을 찾아야 하는 이유다.

　과학기술의 관점에서 새로운 자연의 원리를 발견하고 그것의 활용처를 찾는 최초의 질문과 수요자 관점에서 새로운 요구를 제기하고 그것의 해법을 찾는 최초의 질문이 엄격하게 분리되지는 않는다. 서로 영향을 주고받으면서 질문 자체가 진화한다. 시장에서 제기된 최초의 질문에 새로운 과학기술적 해법이 나오고, 이 해법 자체가 과학기술 관점에서 새로운 최초의 질문이 되면서 또 다른 수요처를 찾으려는 노력이 전개될 수 있다. 이런 공진화 과정이 원활하게 진행되는 기업이 세계적 기술 챔피언 기업이고, 이런 기업들이 가득한 나라가 기술 선진국이다.

기술의 미래는 인간의 질문이 결정한다

기술이 스스로 발전하는가: 무어의 법칙과 테크늄

'죽음의 소멸(Death of death)'. 몇 년 전 모스크바에서 열린 회의 중 흥미롭게 들은 발표의 제목이다. 국제적으로 잘 알려진 발표자가 유전자 검사 비용이 몇 년 만에 10분의 1로 급격히 줄어드는 것과 인공장기 생산비의 급격한 감소 추세 등 여러 자료를 숨 가쁘게 제시했다. 결론은, 우리가 원하든 원하지 않든 머지않아 모든 인간이 저렴한 비용으로 질병을 예방적으로 진단하고 장기를 쉽게 바꿔 가면서 영원히 살 수 있는 기술 수준에 이를 것이라는 전망이었다. 휴식 시간에 세계 각국에서 모인 연구자들 사이에서 이 발표가 단연 화제였는데, 흥미롭게도 영원히 산다면 연금 문제는 어떻게 될지 그리고 언제까지 일해야 하는지와 같은 걱정이 대부분이었다. 1933년 시카고 세계박

람회의 구호를 다시 떠올리게 했다. "과학은 발전하고, 산업은 적용하며, 인간은 순응한다."[13]

유토피아 같은 기술의 미래 전망이 여기저기서 들려온다. 지금 하고 있는 일의 대부분은 첨단 알고리즘을 갖춘 로봇이 하고, 인간은 유유자적 여가를 즐기리라는 전망이 대표적이다. 기술 발전의 가속적 추세가 거스를 수 없는 밀물처럼 여겨진다. 자연 궤적(natural trajectory)이라는 표현이 있다. 기술의 발전사에서 몇 가지 뚜렷한 경향이 보인다는 것인데, 그중 기계화가 대표적이다. 과거에 사람이 근육으로 하던 것을 동물이 하고, 증기기관과 모터를 거쳐 로봇이 대신하게 되는 궤적이다. 자동화나 알고리즘화도 궤적이다. 반도체 칩의 집적도가 18개월마다 두 배씩 오를 것이라고 예측한 '무어의 법칙'도 마찬가지다.

이런 자연 궤적 이야기는 기술 발전의 로드맵, 즉 자연 궤적을 따라가지 않으면 안 될 것 같은 묘한 압박감을 준다. 반도체의 다음 버전을 개발하는 회의장에서 무어의 법칙을 보여 주는 표를 벽에 걸어 놓고 어떻게 집적도를 두 배로 늘릴지 고심하는 사람들의 모습이 저절로 떠오른다.

자연 궤적의 사고방식을 극단적으로 밀고 나가면 기술 예측 전문가인 케빈 켈리가 제시한 테크늄(technium)이라는 개념에 닿게 된다. 지구상에 여섯 가지 생물계가 있는데, 기술이 일곱 번째 독립적인 계로서 존재한다는 주장이다. 그것이 바로 테크늄이다.[14]

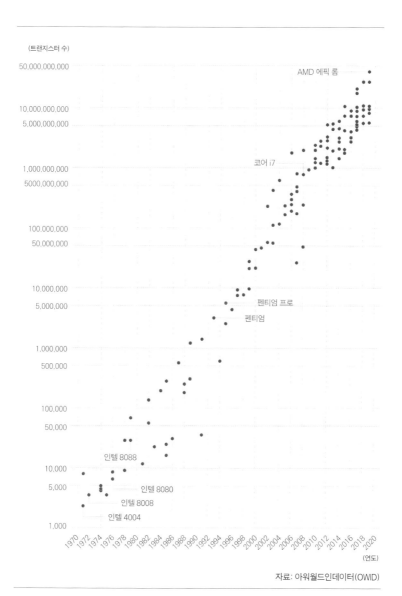

(트랜지스터 수)

자료: 아워월드인데이터(OWID)

무어의 법칙

6대 생물계와 테크늄

기술이 생물처럼 스스로 진화한다는 것은, 반도체 칩이 집적도를 높이고 데이터 처리 속도를 키우기 위해 사람을 동원해서 새 기술을 얻는다는 기발한 상상이다. 언뜻 주변을 돌아보면 기술이 날로 다양해지고 발전하면서 서로 얽혀 거대하고 상호 보완적인 네트워크로 우리를 둘러싸고 있는 현실을 깨닫게 된다. 테크늄이 우리 옆에 존재할지도 모른다는 섬뜩한 느낌도 아주 이상하지는 않다.

사실 기술이 생물처럼 인간과 상관없이 진화한다는 생각은 낯선 것이 아니다. 새뮤얼 버틀러는 100년도 더 전에 이미 기계가 생물과 비슷한 방식으로 진화한다는 상상을 제시했다.[15] 소설가였던 그는 그 생각을 더 밀어붙여 인간이 기계의 진화를 저지할 수 없으니 순순히 포기하고 기계를 따르는 게 좋겠다는 섬뜩한 서사까지 제시했다. 과연 기술은 인간의 의지와 상관없이 스스로 발전하는가?

호모사피엔스의 전망과 의지가 기술 발전을 이끈다

무어의 법칙이나 테크늄 이야기는 기술이 저절로 발전해 나가고 이를 인간이 따를 수밖에 없는 세상을 그린다. 이와 비슷하게 자연과학자나 기업인 들은 어떤 기술 또는 제품이 반드시 나올 수밖에 없다는 말을 자주 한다. 그러나 이건 공급자 마인드에 빠진 착각이다. 세상에 필연적 기술이란 없다.[16] 인간의 희망과 기술의 발전이 교차한 지점에서 형성된 결과에 대한 사후 관찰일 뿐이다.

예를 들어, 화상전화는 그레이엄 벨이 전화기 특허를 낸 1876년에 이미 영상도 전송할 수 있을 것이라고 전망했을 만큼 오래된 개념이다. 1964년에 미국 통신 회사가 시험용 모델과 공중전화용 영상 부스까지 내놓았고, 그 이후로도 많은 모델이 나왔다. 그러나 모두 시장에서 자리 잡는 데 실패했다. 심지어 2010년에 잡스가 4G 아이폰을 내놓으면서 야심 차게 화상전화를 홍보했는데도 사람들의 반응은 차갑기 그지없었다. 기술 문제가 아니다. 원인은 인간의 심리적 저항에 있었다. 가족이나 연인이 아닌, 직장 상사를 비롯해 사회생활을 하며 만나는 사람들과는 음성이라는 최소한의 매개로 소통하고 싶기 때문이다. 코로나19 대유행 속에 비대면 화상회의가 일상화되었지만, 그 전에 하던 오프라인 회의를 온라인으로 옮겼을 뿐이지 전에 대면하지 않던 상황을 화상회의로 끌어낸 것이 아니다. 개인적 관계를 넘어선 사회적 관계의 소통은 최소화하려는 욕구가 여전하다. 심지어 메

타버스에서도 자기 모습을 아바타로 가리고 싶어 한다. 감염병 유행이 끝나 일상을 회복하고 나서 직장 상사와 업무 통화를 할 때 화상 대면을 불편하지 않게 느낄지는 두고 볼 일이다.

기술은 인간이 바라는 만큼 바라는 모습으로 발전한다. 인간이 기술 발전에 어쩔 수 없이 딸려 가는 것이 아니라 스스로 뭘 바라는지에 대해 독창적인 최초의 질문을 던지며 기술 발전을 능동적으로 이끌어 가야 하는 이유다.

기술이 인간과 분리되어 독립적으로 존재한다는 가공할 상상은 너무 심하다고 해도, 인간이 스스로 만든 기술의 영향을 받는 것은 사실이다. 은행에서 번호표를 뽑는 시스템을 생각해 보면 쉽게 알 수 있다. 번호표라는 일종의 알고리즘이 존재하기 전에는 줄을 섰다. 혹여 내 뒤에 몸이 불편한 사람이라도 있으면 '양심상' 자리를 내주기도 했다. 그러나 번호표 시스템을 도입한 뒤에는 번호표를 뽑고 차례를 기다린다. 내 뒤에 노약자가 있는지 신경 쓸 필요가 없게 되었다. 눈으로 서로의 처지를 관찰할 수 있을 때 윤리적 판단이 작동하던 자리에 번호표 알고리즘이 들어선 것이다. 번호표 시스템이 상시 작동하는 환경에서 나고 자란 사람은 이 시스템이 없는 환경에서 자란 사람과 미세하나마 다른 윤리적 장치를 내면화할 것이다.

이런 의미에서 기술과 인간의 관계에 대한 가장 적절한 표현이 공진화다. 서로 영향을 주고받으면서 발전하는 것이다. 동물은 감각에, 인간은 의미에 구속되어 있다는 말이 있다. 같은 방식으로 비유하면,

기술은 논리에 구속되어 있고 인간은 의미에 구속되어 있다. 논리의 장과 의미의 장이 서로 영향을 주고받으면서 같이 변해 가는 셈이다. 그래서 우리가 인간으로서 의미와 전망을 끊임없이 되새기며 적극적으로 기술의 진화 방향에 투영하는 노력이 중요하다. 다시 말해, 인간이 기술의 논리를 무비판적으로 수용할 것이 아니라 인간의 의지로 기술 진화의 방향을 정할 수 있어야 한다.

2021년 4월, 유럽연합(EU)이 인공지능 기술 발전의 방향을 규제하기 위한 법안을 발표했다.[17] 여기에 네 가지 금지 사항이 있다. 인간이 의식하지 못하는 사이에 인간의 행동 양식을 왜곡하지 말아야 하고, 차별을 조장하는 알고리즘을 금지하며, 인간에게 부당하게 불이익을 줄 수 있는 점수화 알고리즘을 규제하고, 생체 정보를 비롯한 개인 정보를 지나치게 식별하고 수집하지 못한다는 것이다. 이런 법안은 인공지능 기술의 발전을 가로막으려는 것이 아니라, 계곡에 돌을 놓아 물길을 돌리듯 인간의 의지와 전망을 통해 인공지능 기술의 발전을 인간 친화적인 방향으로 이끌려는 것이다.

얼마 전 한 기업의 인공지능 책임자와 대화를 나눴다. 이러저러한 기술 전망에 대한 설명을 듣다 보니 고객의 요구를 미리 알아서 고객은 손가락 하나 움직이지 않아도 되는 서비스, 생활의 모든 불확실성과 무작위를 없애는 서비스를 지향하고 있었다. 한참 듣다 참지 못한 내가 물었다. "그런 서비스가 고도로 발달하면 우리 삶은 어떤 모습이 될까요?"

인력을 기계력으로 대체해 온 자연 궤적을 그대로 확장해서 인간의 인지와 감각, 미래 희망까지 기계적인 것으로 대체하는 세상에서 인간의 존재는 무엇일지 궁금했다. 한쪽으로 하염없이 달리는 기술의 마차에 넋 놓고 앉아 있기보다는 어려워도 다른 쪽으로 가야 한다고 주장하는 질문이 필요하지 않을까? 존재를 고민하는 기업에게 당위를 요구하는 질문을 해 부당하게 들렸을지 몰라도, 진정한 기술 챔피언 기업을 지향한다면 인간의 미래에 대한 고유한 전망이 있어야 하고 그것을 구현하기 위한 최초의 질문이 있어야 한다.

우리가 호모사피엔스로서 정체성을 유지하려면 살아 있는 한 현재의 우리와 되고 싶은 우리의 사이를 메우려는 도전적 최초의 질문을 계속 던져야 한다. 기술의 시대에 인간이 소실되지 않을 유일한 길이다.

진화를 촉진하는
선택 환경

시장의 평균이 위대한 기업을 이기는 이유

연구원 수백 명을 거느린 한 기업의 연구소장이 나에게 조심스럽게 항의와 조언을 섞어 들려준 이야기가 있다. 연구소에 부임한 뒤 연구 포트폴리오를 조정하기 위해 각 팀이 추진하고 있는 과제에 대해 차례차례 보고받았다. 몇 년째 별 성과 없이 비슷한 사람들끼리 똘똘 뭉쳐 있는 문제 팀의 보고 순서가 됐다. 이미 그 분야의 패러다임이 바뀌고 있으니 궤도를 수정하거나 외부와 협력해야 하지 않을지를 묻자 팀장이 이렇게 말했다. "축적의 시간을 보내고 있습니다." 다음 날 그 팀장이 연구소장에게 내가 쓴 『축적의 길』을 가져다주면서 그걸 읽고 생각을 바꿔 축적을 지원해 달라고 덧붙이기까지 했다. 연구소장은 축적 이야기가 변화가 필요한 상황에 방패막이로 쓰이고 있으니 축적의 의미를 좀 더 정확하게 설명하면 좋겠다고 조언했다. 나로서는 무척 당혹스러운 순간이었다.

이럴 때 참고하기에 좋은 연구 결과를 컨설팅 회사 매킨지가 내놓았다.[18] 미국 주식시장에서 36년간 열다섯 가지 산업에 걸쳐 기업 1008곳을 추적 조사한 결과, 주식시장 전체의 평균보다 더 주가가 오른 슈퍼 기업은 없더라는 것이 핵심이다. 주식시장에 관심 있는 사람들이 들으면 당연한 이야기라고 생각할 수도 있겠지만, 그 이유를 이해하는 것이 중요하다. 어떤 기업이 한때 좋은 경영 여건과 훌륭한 리더를 만나 크게 성장하고 수익을 낼 수 있다. 그러나 맑은 날이 있으면 궂은 날도 있는 법. 환경이 변하고 리더를 잘못 만나면 성과가 떨어질 수밖에 없다. 엎친 데 덮친 격으로 운이 없으면 회사 문을 닫아야 한다. 그래서 대체로 기업은 생로병사의 주기가 있는데, 시작부터 항상 최고의 성과를 내면서 영속하는 기업은 없다는 게 결론이다.

그런데 여러 기업이 모여 있는 집단을 한 단위로 생각해 보면 이야기가 조금 달라진다. 성과가 좋지 않은 기업은 경쟁사에 밀려 시장 점유율이 떨어지고, 회복하지 못하면 시장에서 밀려난다. 그 빈자리에 새살이 차오르듯 능력 있는 신생 기업이 도전하면서 시장 전체의 포트폴리오가 바뀌고, 기업 집단 전체가 더 건강해진다. 끊임없이 반복되는 이 과정이 바로 그 유명한 '창조적 파괴'의 과정이다. 따라서 개별 기업은 흥하고 망하지만, 바로 그 흥망성쇠 때문에 기업 집단 전체의 건강성이 유지되고 장기적으로 항상 개별 기업의 성과를 앞서게

되는 것이다.[19]

매킨지에서 이 연구를 수행한 것은 프로젝트가 많은 기업들의 포트폴리오 관리 방법에 관한 시사점을 얻기 위해서였다. 한마디로, 기업 내부의 프로젝트 포트폴리오를 주식시장처럼 관리하라는 것이다. 성과 없는 프로젝트를 정리하고 혁신 프로젝트를 발굴하는 창조적 파괴 전략을 내부적으로 적용해야 한다고 주장한다.

창조적 파괴 현상이 가장 잘 드러나는 부문이 기술혁신이다. 기술혁신을 염두에 두고 있다면, 최초의 도전적 질문을 던지고 위험 요소를 줄이면서 스케일업을 이어 가야 한다. 그러나 기술혁신 프로젝트가 여럿 있다면, 앞에 말한 주식시장처럼 운영해야 한다. 끊임없이 새로운 질문을 던지고 스케일업으로 싹을 키우되, 이미 탐색 가치가 없어진 기술혁신 프로젝트는 과감히 방향을 수정해야 한다. 단, 그때까지 쌓은 시행착오 경험을 다른 프로젝트에서 활용해야 한다. 결국 기업 내부 기술혁신 생태계에 창조적 파괴가 왕성하게 일어나도록 해야 한다.

그럼 이때 어떤 새싹을 키우고, 어떤 나무를 쳐내야 할까? 실패 위험이 크지만 성공했을 때 가치가 큰 프로젝트의 씨를 뿌리고 살려야 한다. 쉽게 말해, 옵션의 가치가 큰 프로젝트를 살려야 한다. 이와 반대로 이미 불확실성이 상당히 해소되어 더는 옵션의 가치가 크지 않은 프로젝트는 지속할수록 축적이 아니라 퇴적이 될 뿐이다. 이런 프로젝트에서는 도전적 시행착오가 없기 때문에 축적되는 것이 없는 데다, 오히려 자원을 묶어 두면서 기업 전체의 역동성만 떨어트린다.

어쩌다 내 책을 방패막이로 삼은 팀장에게는 미안하지만 생각을 달리해야 한다고 조언하고 싶었다. 축적은 같은 일을 오래 한다고 저절로 되는 것이 아니다. 새로운 질문을 만들어 내면서 진로를 끊임없이 수정하지 않으면 축적이 아니라 퇴적이 될 뿐이다.

갈라파고스 생태계가 위험한 이유

케빈 켈리가 재미있는 사례를 제시했다.[20] 그에 따르면 심해저나 깊은 동굴 속처럼 외부 자극이 차단된 환경에서는 기생생물에 다시 기생하는 생물이나 암컷의 몸에 들어 있는 수컷, 다른 생물의 행동을 따라 하기만 하는 생물 등 기이한 공생·기생생물들이 발달한다. 외부 환경으로부터 도전이 없으면 변이의 힘이 외부의 자극에 따른 대응이 아니라 좁은 생태계 안의 특화에 쓰이는 것이다.

이를 산업계에 적용하면, 2000년대 이후 세계시장에서 존재감이 사라진 일본 휴대전화 산업의 퇴화가 딱 맞는 사례다. 2007년 일본 정부의 의뢰로 만들어진 보고서에 따르면, 일본의 휴대전화와 가전 제품의 경쟁력이 떨어진 것은 세계표준과 동떨어진 채 일본식 표준을 고집하면서 국내용 변이를 만드는 데만 집착했기 때문이다. 보고서의 저자들은 이 현상을 폐쇄된 생태계에서 진화의 방향이 내향적으로

곱는 '갈라파고스 증후군'이라고 불렀다.[21]

다양한 최초의 질문을 던질 수 있고 그 가운데 옵션의 가치가 큰 도전적 질문을 선택하는 환경은 갈라파고스처럼 내부인만 있는 닫힌 환경이 아니라 외부의 선별 기준에 많이 노출된 환경이다. 그런데 기업은 창업 단계를 지나 조직이 커지면 외부의 시각보다 내부의 시각에 더 많은 관심과 시간을 쓰게 된다. 즉 기업이 커질수록 갈라파고스 증후군이 나타날 가능성이 커진다. 왜 그럴까?

다음 그림에서 정사각형 하나가 한 사람을 나타낸다고 생각해 보자. 처음에 창업자 한 명만 있을 경우 이 사람은 4면으로 외부와 소통한다(4면/인). 그러다 새로운 사람이 들어와 네 명이 되면, 외부로 열려 있는 면이 여덟 개가 된다(2면/인). 나머지 네 면의 소통은 내부 사

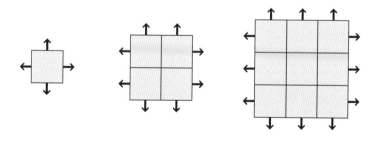

조직 규모에 따른 외부의 영향

람을 향해 보고하고 회의하는 것으로 채워진다. 사람이 아홉 명으로 늘어나도 외부와 닿은 면은 열두 개밖에 안 된다(1.3면/인). 심지어 아홉 명 중 한 명은 외부 사람을 전혀 만나지 않고 내부 보고만 받게 된다. 규모가 더 커져서 100명이 되면, 외부로 향한 면이 40개고(0.4면/인), 100명 중 64명, 즉 조직 구성원 중 60퍼센트 이상이 모두 층층이 내부 보고만 받게 된다.

물론 현실의 조직이 이렇게 생길 리 없겠지만, 조직이 커질수록 내부 사람들에게 보고하고 그들의 시각에 맞춘 의사 결정을 받느라 정작 소비자를 포함해 외부 사람들의 이야기를 들을 시간이 점점 없어진다는 뜻을 전달하기에는 충분한 비유다. 갈라파고스 증후군을 겪지 않으려면 어떤 질문이 도전적 질문인지 선택하거나 스케일업 중 단계별로 평가할 때 반드시 외부의 시각에 열려 있어야 한다는 뜻이다.

기업뿐 아니라 산업이나 국가도 마찬가지다. 지난날 외부와 거의 교류하지 않던 공산권 국가들에서 비효율의 극치를 보이는 초대형 비행기나 한없이 무거운 자동차같이 별난 제품이 많이 나타난 사실을 떠올려 보면, 개방적 환경이 최초의 질문을 받아들이고 키워 나가는 데 얼마나 중요한지를 잘 알 수 있다.

기술 탄생의
현장에서 찾은
혁신의 원리

최초의 질문에 담긴 혁신의 지향은 유지하되
매 단계의 목표는 바로 한 발 앞으로 정했다.

스페이스X와
장르의 탄생

머스크의 도전적 질문

스페이스X는 특이한 회사다. 흔히 천문학적 돈이 들어간다고 말하는 항공 우주 기업 치고는 창업자가 젊은 데다 사실상 이 분야에 대한 전문 지식이나 경험이 없었기 때문이다. 그런데 2002년 당시 31세의 기업가 머스크가 단 하나의 질문을 던진다.[1]

"1단 로켓을 다시 쓰면 어떨까?"

당시 로켓 발사에 관한 상식은 1단 로켓을 바다에 떨어트리고 회수해서 버리는 것이었다. 상업용 위성 발사 비용의 대부분을 잡아먹는 이 1단 로켓을 재사용할 수 있다면 우주로 날아오르는 비용을 10분의 1로 줄일 수 있겠지만, 계산이 그렇다는 것이지 아무도 진지하게 고민하지 않았다. 어쩌면 머스크가 로켓 발사 전문가가 아니라서 할 수 있

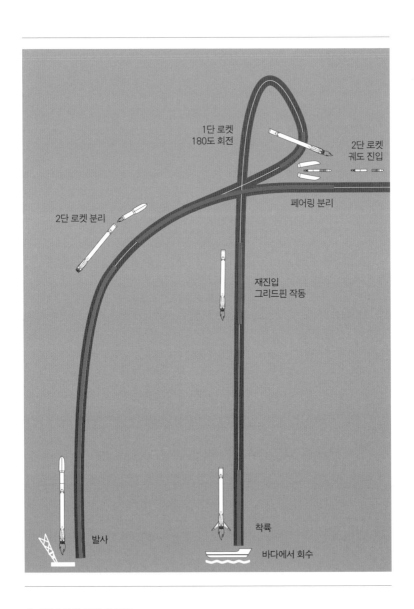

1단 로켓
180도 회전

2단 로켓
궤도 진입

페어링 분리

2단 로켓 분리

재진입
그리드핀 작동

착륙

발사

바다에서 회수

스페이스X의 로켓 재사용

던 질문일지도 모른다.

이 최초의 질문 하나를 들고 회사를 세운 뒤 재사용을 염두에 두고 1단 로켓에 들어갈 추진체를 개발해 실제 제품을 만들기는 쉽지 않았다. 아무도 하지 않은 일이니, 어찌 보면 당연했다. 2006년에 설계를 마치고 첫 번째 버전인 팰컨 1을 발사했으나 25초 만에 불이 나면서 추락했다. 2008년까지 세 차례 발사에 나섰지만, 아무것도 뜨지 못했다. 1단 로켓의 착륙과 재사용이 목표인데 착륙은커녕 정상적인 이륙도 못 하니 첫발도 못 뗀 것이다.

마침내 2008년 9월 네 번째 시도 끝에 발사에 성공했고, 2009년 7월에는 말레이시아의 위성을 목표 궤도에 올려놓음으로써 최초의 상업 발사에 성공한다. 일단 우주로 올라가는 데는 성공한 것이다. 이렇게 발사의 경험을 차곡차곡 쌓으면서 최초의 질문인 재사용 로켓을 준비했다. 물론 실패를 거듭했지만 마침내 2015년 12월, 1단 로켓이 성공적으로 착륙하는 장관을 연출했다. 이제 회수한 1단 로켓을 다시 발사에 쓰는 경험이 쌓인 스페이스X는, 위성 발사를 맡기려는 수요자들에게 믿을 만하고 비용도 저렴한 최고의 서비스를 제공하는 업체가 되었다. 2012년까지 싱업용 로켓 위탁 발사 시장에 존재하지도 않던 스페이스X가 오늘날에는 점유율 60퍼센트의 절대 강자다.

머스크가 던진 최초의 질문은 순수한 아이의 상상력을 떠올리게 한다. 1944년 여름에 폴라로이드사의 창업자인 에드윈 랜드가 휴가를 보내며 세 살배기 딸의 사진을 찍는데, 딸이 지나가는 말투로 물었

다. "왜 사진은 찍고 나서 바로 볼 수 없어요?" 당시 광학 분야의 교과
서적 상식으로는 말이 되지 않는 이 질문을 랜드가 놓치지 않고 답을
찾아 세상에 없던 즉석 사진이라는 비즈니스 장르를 만들어 냈다. 머
스크는, 항공 우주 분야의 경력자나 전문가 들이 자기 검열로 일찌감
치 지워 버렸을 천진난만한 질문을 부끄러워하지 않고 던졌다. 아이
도 아니고 회사 대표라는 사람이.

스페이스X에서 찾은 혁신의 원리

스페이스X의 역사는 새로운 기술과 제품이 탄생하고 진화하는
기술혁신의 원리를 잘 보여 준다. 먼저, 머스크가 교과서를 뛰어넘는
본질적 최초의 질문을 던졌다. 유례없는 질문의 답을 구하려면 기존
지식을 조합해야 한다. 그래서 그는 TRW사 출신 발사체 전문가 톰
뮬러, 보잉에서 델타 로켓과 타이탄 로켓의 생산을 맡았던 팀 버저,
나사의 제트추진연구소에서 로켓 발사의 전 과정을 조율하던 스티브
존슨을 한데 모았다.

스몰베팅하면서 단계별로 목표 수준을 조금씩 그러나 빠르게 높
여 간 것도 혁신의 중요한 성공 전략이다. 최종 목표는 로켓 재사용이
지만 첫 번째 목표는 나중에 착륙을 위해 쓰일 새로운 로켓 추진체를
개발하고 발사하는 것이었다. 물론 이 첫 단계의 로켓은 착륙시키지

않았다. 로켓 추진체가 안정화되자 그다음 단계로 메뚜기라고 이름 붙인 시험용 모델을 제작하고 2012년에 2.5미터 올렸다 착륙시키는 것을 첫 목표로 잡았다. 그리고 같은 해 11월에 5.4미터, 12월에 40미터까지 올렸다. 2013년 6월에는 1분 넘게 비행하며 300미터까지 올라갔던 로켓이 착륙에 성공했다. 이해 10월에는 700미터 넘게 올라갔다 착륙했다.[2] 이런 작은 경험을 착실히 축적한 끝에 2015년에는 1단 로켓의 발사 후 착륙에 성공한다. 최초의 질문에 담긴 혁신의 지향은 유지하되 매 단계의 목표는 바로 한 발 앞으로 정했다.

끊임없는 시행착오도 성공으로 가는 길이었다. 처음 만든 팰컨 1이 네 번째 시도에서 날아올랐고, 착륙을 염두에 두고 만든 팰컨 9는 스무 번 만에 성공했다. 유튜브에 스페이스X의 실패 장면만 모아 만든 동영상이 수두룩한데, 스페이스X가 편집해서 공개한 동영상의 제목은 "로켓 추진체가 착륙하지 않는 방법(How Not to Land an Orbital Rocket Booster)"이다. 2022년 4월 현재 2700만 번 넘게 재생된 이 동영상은 신나는 행진곡풍 음악을 배경으로 로켓이 폭발하는 갖가지 모습을 보여 준다. 실패도 모아 놓으면 이렇게 '힙'할 수 있다. 이 도전적 실패들은 미래의 혁신가인 청년의 열정을 불러일으킨다.

그런데 시행착오를 거듭하는 동안 들었을 그 많은 돈을 어떻게 감당했을까? 실리콘밸리의 투자금이 있었지만 결정적인 도움의 손길은 정부가 내밀었다. 2006년에 나사가 특정 궤도까지 위성을 쏘아 올리는 사업의 수행자를 선정했다. 이때 스페이스X는 최초의 시험용 버전인 팰컨 1을 이륙시키지도 못하고 있었는데, 놀랍게도 나사가 안정적인 보잉의 시스템 대신 스페이스X가 도전적으로 제안한 팰컨 9 시스템을 택하고 2억 7800만 달러라는 개발 자금을 제공했다. 이렇게 새로운 시도의 가능성을 보고 시행착오 기간을 버틸 수 있는 자금, 즉 '인내 자본'을 공급한 공공 기관의 결정이 우주산업의 새 길을 연 것이다. 스페이스X는 2008년 12월에 우주정거장에 물품을 보내는 미션의 사업자로 선정되어 다시 자금을 지원받았다.[3] 최초의 질문이 도전적인 만큼 시행착오가 있을 수밖에 없는데, 이 기술혁신의 위험 부담을 국가가 같이 져 준 대표적 사례다.

최초의 질문은 스케일업 중에 새로운 질문으로 계속 확산되면서 진화한다. 스페이스X의 질문도 진화했다. "위성을 싸게 올릴 수 있다면, 지구 궤도상에 수많은 위성을 뿌려서 오지까지 인터넷을 연결할 수 있지 않을까?" 이것이 스타링크(Starlink) 사업의 기초가 된 질문이다. 재사용 로켓이 자리 잡으면 발사 비용이 급속히 낮아질 테니, 이를 기반으로 소형 위성을 4만 기까지 쏘아 올려 그물처럼 지구를 덮는다는 구상이다. 이미 2000기 넘는 위성을 발사해 위성 인터넷의 베타 서비스를 시작했다. 지금은 위성 인터넷이 통신 시장에서 1퍼센트 미만의 비중을 차지하지만 5년 안에 점유율이 25퍼센트를 넘는다는 전망이 있다. 새로운 개념설계가 나타날 조짐이다.

이렇게 놀라운 최초의 질문은 왜 실리콘밸리에서 탄생할까? 머스크가 천재라서 그런 것이 아니다. 첨단 제조 역량이 집중되어 있고,

해법을 구하는 데 필요한 조합의 재료가 널려 있기 때문이다. 이런 환경에서는 누구든 도전적인 최초의 질문을 던질 가능성이 높아진다. 물론 가능성을 넘어 실제로 혁신의 바퀴가 돌게 하려면 추격하기보다는 선도하는 정신, 즉 최초의 질문을 과감히 제시하는 진정한 기업가 정신이 필요하다.

mRNA 백신의 여정

빛의 속도로 개발하라

2020년 12월, 미국 식품의약국(FDA)이 화이자와 모더나가 만든 이름도 낯선 mRNA 백신을 처음 승인했을 때 사람들은 무엇보다 개발 속도에 놀랐다. 새로운 기술 플랫폼이라는데, 어떻게 그렇게 빨리 만들 수 있었지? '우리는 왜 그렇게 못 할까' 하는 안타까움이 섞인 궁금증인데, 이를 풀어 줄 이야기가 2021년 9월 《네이처》에 실렸다.[4]

화이자와 모더나의 백신 기술은 1961년에 발견된 mRNA에 대한 기초 연구에 뿌리를 두고 있다. 과학 지식으로만 존재하던 mRNA가 약물이 될 가능성이 밝혀진 것은 1987년, 당시 28세 청년이던 캘리포니아 솔크생물학연구소의 로버트 멀론이 한 실험을 통해서다. mRNA 가닥과 지방질을 섞은 분자 혼합물에 어떤 세포를 담가 두었

더니 그 세포가 외부에서 온 mRNA 유전정보를 내부로 받아들여 해석한 다음 스스로 단백질을 만들어 내는 신기한 현상을 발견한 것이다. 이 발견이 알려진 뒤 수십 년간 크고 작은 연구 결과들이 축적되었다.

2000년대부터는 mRNA를 이용한 약물 제조 분야에서 벤처기업이 생겼다. 바이오엔텍과 모더나도 각각 2008년, 2010년에 설립되었다. 그 뒤 바이오엔텍은 기술의 스케일업을 위해 화이자와 손을 잡았고, 모더나는 독자적인 스케일업 전략을 택했다. 미국 방위고등연구계획국이 미래 기술의 싹을 키운다는 계획으로 2010년부터 mRNA 기술 개발 지원에 나섰고, 모더나가 이 지원을 받았다. 그러나 여전히 극복할 문제가 산더미고, 무한한 자금과 시간이 필요했다.

그런데 코로나19 사태가 터지면서 미국 정부가 백신 개발에 100억 달러(약 12조 원)를 긴급 지원했다. 가능성만으로 존재하던 mRNA 기술이 갑자기 백신 개발의 후보 기술로 떠올랐다. 2020년 1월에 코로나바이러스의 유전체 서열이 공개되자 겨우 며칠 만에 바이오엔텍과 모더나가 백신 후보 물질을 만들었다. 모더나와 화이자가 각각 15억 달러와 2억 달러의 정부 지원을 받았고, 여기에 민간투자가 더해지면서 스케일업을 위한 자금이 해결되었다. 게다가 FDA는 원래 개발 기업이 해야 할 임상시험 대상자 모집에 직접 나서고, 적어도 5년 가까이 걸리는 임상시험 과정 자체를 반년으로 줄여 주었다. 그 결과는 우리 모두가 잘 안다. 창업 10년 차를 갓 넘긴 모더나가 순식간에 기업 가치 70조 원을 넘어가며 바이오 분야의 거인이 되었다.

mRNA 백신에서 찾은 혁신의 원리

1953년에 DNA의 이중 나선 구조가 밝혀졌다. 핵심은 DNA의 염기 서열이 스무 가지 아미노산을 조합해 우리 몸에 필요한 여러 가지 단백질을 만들어 내는 암호라는 것이다. 그러나 DNA 정보가 세포 내 여러 기관으로 어떻게 전달되어 단백질이 합성되는지는 여전히 의문이었다. 이 의문을 풀어 줄 연구 결과가 1961년 《네이처》에 발표되었다. DNA의 정보를 mRNA가 복사해서 세포 내 리보솜이라는 단백질 공장으로 전달한다는 사실이 밝혀진 것이다. mRNA의 존재와 기능이 밝혀진 것은 자연의 원리를 역설계한 결과다. 그러나 이 원리가 인간을 위해 쓰일 가능성은 멀론이 실험하던 1987년에야 싹이 텄다. 실험 결과를 흘려 버리지 않고 한 걸음 나가 상상한 덕이다. "세포가 외부에서 주입된 mRNA를 받아들여 단백질을 만들 수 있다면, 이 원리로 약을 만들 수 있지 않을까?"

그러나 최초의 도전적 질문이 현실의 해법에 닿기까지는 보완적 기술이 개발되고 조합 재료로 채택되기를 기다려야 했다. 앞에 말한 《네이처》 기사에 따르면 이렇다. mRNA가 제 기능을 하려면 외부에서 만들어진 mRNA를 잘 감싸 세포 안으로 무사히 전달해야 하는

데, 이 포장지 구실을 하는 지질 나노 입자 연구에 결정적으로 기여한 사람이 캐나다의 피터 컬리스다. 또한 mRNA가 주입되었을 때 우리 몸이 면역 반응을 일으키지 않도록 mRNA 자체를 변형하는 기술은 미국의 커털린 커리코와 드루 와이스먼이 개발했다. 사실 이렇게 요약하는 게 말이 안 될 정도로 많은 사람들이 여러 가지 보완적 기술들, 즉 신기술을 위한 조합 재료를 만들었다. 그래서 언젠가는 mRNA 백신 연구가 노벨상을 받을 것이라고 다들 예상하는 가운데 벌써부터 누가 받는 게 옳은지에 대한 논쟁이 있다. 많은 연구자들이 거대한 퍼즐에 저마다 조각을 하나씩 올려놓았다. 수많은 개미들이 서로 어깨를 빌려주며 희미하던 최초의 질문을 거대한 해법으로 키워 내는 집단 창작이었다.

과학기술 관점에서 제시된 최초의 도전적 질문은 빛을 볼 때까지 알맞은 시장을 계속 찾는 암중모색 시간을 보낸다.[5] mRNA 기술도 암, 지카바이러스 감염병, 독감, 광견병, 거대세포바이러스 감염병 등 여러 질병에 응용할 가능성을 오랫동안 탐색하면서 화이트 스페이스를 헤매 다녔다. 이 탐색 중에 코로나바이러스 팬데믹 사태가 터졌고, mRNA 기술은 결정석 개화의 계기를 맞이했다. 그야말로 우연에 우연이 겹치고 지난한 경로 수정의 과정이었다.

여기서 기억해야 할 점은 스페이스X의 사례에서도 확인한 정부의 구실이다. 미 정부는 mRNA 기술의 싹이 돋자 이것이 한 분야로 자리 잡을 수 있도록 발 빠르게 지원했다. 예를 들어, 방위고등연구계

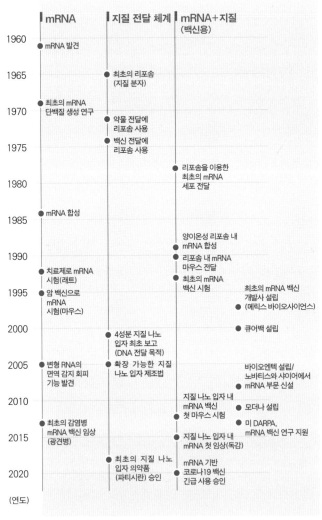

mRNA	지질 전달 체계	mRNA+지질 (백신용)

1960 ● mRNA 발견

1965 ● 최초의 리포솜 (지질 분자)

1970 ● 최초의 mRNA 단백질 생성 연구
● 약물 전달에 리포솜 사용

1975 ● 백신 전달에 리포솜 사용

1980 ● 리포솜을 이용한 최초의 mRNA 세포 전달

1985 ● mRNA 합성

1990 ● 양이온성 리포솜 내 mRNA 합성
● 리포솜 내 mRNA 마우스 전달

● 치료제로 mRNA 시험(래트)
● 최초의 mRNA 백신 시험
● 최초의 mRNA 백신 개발사 설립 (메릭스 바이오사이언스)

1995 ● 암 백신으로 mRNA 시험(마우스)

2000 ● 4성분 지질 나노 입자 최초 보고 (DNA 전달 목적)
● 큐어백 설립

2005 ● 변형 RNA의 면역 감지 회피 기능 발견
● 확장 가능한 지질 나노 입자 제조법
● 바이오엔텍 설립/ 노바티스와 샤이어에서 mRNA 부문 신설

2010 ● 지질 나노 입자 내 mRNA 백신 첫 마우스 시험
● 모더나 설립

● 최초의 감염병 mRNA 백신 임상 (광견병)
● 미 DARPA, mRNA 백신 연구 지원

2015 ● 지질 나노 입자 내 mRNA 첫 임상(독감)

● 최초의 지질 나노 입자 의약품 (파티시란) 승인

2020 ● mRNA 기반 코로나19 백신 긴급 사용 승인

(연도)

자료: 《네이처》

mRNA 백신 개발의 역사

획국이 2013년에 2500만 달러를 지원했으며 2016년에는 생물의학 첨단연구개발국(BARDA)이 1억 2500만 달러를 지원했다. 코로나 사태에 대응하는 것은 국가의 가장 큰 도전적 임무가 되었고, 미국 정부는 초고속으로 백신을 개발한다는 의지를 담아 2020년 5월에 '워프 스피드' 작전을 실행했다. 워프는 영화 「스타트랙」에 빛보다 빠른 이동 방법으로 등장한다. 이 작전에 따라 자금 지원뿐 아니라 갖가지 인증 절차도 빠르게 진행한 덕에 게임체인저가 될 혁신적 결과물의 탄생에 걸리는 시간이 큰 폭으로 줄었다.

mRNA의 미래를 정확히 예측할 수는 없다. 다만 외부에서 주입된 신호에 따라 물질을 생산한다면 우리 몸 자체가 제약 공장이 될 수 있지 않을까라는 최초의 질문은 여전히 유효하다. 코로나19 백신으로 활용 가능성이 입증되었고, 이미 몇 년 전부터 연구자들은 암뿐만 아니라 여러 감염병에 적용하기 위한 연구에 박차를 가하고 있다. 작은 문제부터 해결하면서 질문의 수준은 높아지고 또 다른 조합을 위한 재료는 많아질 것이다.

원자 단위
게임의 룰을 쓰다

원자현미경이 던지는 최초의 질문

기술 축적이 필요한 분야를 대표하는 광학 산업은 개발도상국이 진입하기 어려운 선진국 리그다. 이런 분야에서 한국 기업의 기술이 혁신적 개념설계로 도전하고 있다는 것은 대단한 일이다. 과학기술의 수준은 얼마나 정밀한 현미경을 쓰는지를 보면 정확히 알 수 있다. 세포 크기 정도를 겨우 보는 현미경을 가지고 하는 연구와 원자 단위 미세구조를 보는 현미경을 가지고 하는 연구는 목표 자체가 하늘과 땅만큼 다르다. 심지어 일본의 과학 분야 노벨상 수상자 중 85퍼센트는 첨단 계측 장비를 새로 개발하거나 성능을 개선한 덕을 봤다는 분석이 있을 정도다. 한 나라의 산업 수준도 현장에서 요구하는 현미경의 수준과 정비례한다. 저가의 봉제 인형이 주요 생산품이라면 원자를 들여다보는 현미경은 쓸데가 없다. 더욱이 현미경은 필요한 해상도가 나오지 않으면 무용지물이기 때문에, 싸다고 해서 쓸 수 있는 물건이 아니다. 그래서 연간 6조 원이 넘는 규모의 전 세계 첨단 현미경 산업은 수요자가 아니라 공급자가 주도권을 쥐고 있으며 이 공급자는 예외 없이 기술 선진국의 기업이다.

요즘 초등학교 실험실에서도 보이는 광학현미경은 16세기 말에 처음 만들어졌는데, 파장이 긴 가시광선을 이용하기 때문에 나노급 미세구조를 관찰하는 데 어려움이 있었다. 이 한계를 극복하기 위해 파장이 극히 짧은 고속 전자를 이용하는 전자현미경의 개념이 1933년에 등장했다. 독일의 에른스트 루스카에게 노벨물리학상을 안겨 준 전자현미경은 현재 전 세계 첨단 연구 현장에서 가장 많이 쓰인다.

1980년대에는 기존 현미경과 전혀 다른 개념의 현미경이 등장했다. 원리부터 간단히 말하자면, 뾰족한 탐침을 시료 표면에 나노미터 수준으로 아주 가깝게 접근시킬 때 탐침의 전자가 시료를 통과하는 터널링 현상이 일어난다. 독일의 게르트 비니히와 하인리히 로러가 이 현상을 시료의 모양을 파악하는 데 쓸 수 없을까라는 최초의 질문을 제기하고, 시행착오를 거쳐 주사터널링현미경을 만들었다. 그리고 이 성과를 인정받아 루스카와 함께 1986년 노벨물리학상을 받았다. 미국의 캘빈 퀘이트가 1985년에 제안한 원자현미경은 탐침과 시료를 가깝게 한다는 점이 주사터널링현미경과 같아도 탐침 끝의 원자와 시료 표면의 원자 사이에 밀고 당기는 미세한 힘을 이용한다는 점에서 다르다. 그래서 줄이기 전 이름이 원자간력현미경이다. 인간이 감각으로 접근할 수 없는 나노 세계로 관찰 영역을 확장하는 데 꼭 필요한 도구를 제공한 퀘이트와 비니히는 2016년에 과학계에서 제2의 노벨상으로 불리는 카블리상을 받았다.

안타깝게도 이런 첨단 현미경의 역사에는 전통적인 선진국 과학자와 기업 들의 이름만 등장한다. 한국 기초과학의 기반과 산업 전반에서 핵심적인 요소기술의 축적도를 돌아보면 당연한 결과일 수 있다. 이 분야에서 한국과 선진국의 격차가 적지 않다. 현미경을 포함한 계측기의 국산화율이 10퍼센트를 겨우 넘는 데다 첨단 광학현미경이나 전자현미경은 아직 남의 나라 이야기다. 국내 대학과 기업에서 쓰는 전자현미경이 2000대 정도로 추산되는데, 일본에는 전자현미경이 12만 대나 있다. 첨단 현미경은 모두 미국, 독일, 일본 기업들이 세계 시장을 장악하고 있다. 참고로, 독일의 현미경 회사 자이스는 1846년에 만들어졌다.

이런 상황에 한국이 '비접촉식 원자현미경'이라는 독자 기술로 세계 무대에서 당당히 한 자리를 차지하고 있다. 기존 원자현미경이 시료의 표면을 긁거나 톡톡 치면서 모양을 파악한다면, 비접촉식은 탐침이 시료의 표면과 원자 한두 개 정도의 거리를 둔 채 마치 저공비행을 하듯 모양을 읽어 낸다. 2015년 국가핵심기술로 지정된 이 기술은, 해상도가 높고 탐침이나 시료가 손상되지 않는 데다 탐침의 마모에 따른 측정 오차까지 줄인다. 2021년 현재 정밀도 수준은 0.01나노,

즉 수소 원자 하나의 10분의 1 크기 정도까지 오차를 제어할 수 있다. 이 기술을 독자적으로 완성한 한국의 벤처기업[6]은 최첨단 원자현미경의 세계시장을 15퍼센트 넘게 차지하고 있으며 지금도 빠르게 점유율을 높이고 있다.

원자현미경에서 찾은 혁신의 원리

우리나라를 대표하는 첨단 벤처기업이 비접촉식 원자현미경 기술뿐만 아니라 가로·세로·수직 방향의 동작을 분리한 3축 분리형 개념과 좌우를 반원형으로 기울여 관찰하면서 3차원 이미지를 그릴 수 있는 혁신적 개념도 제시했는데, 모두 국가핵심기술로 지정되었다.

이렇게 국가핵심기술을 개발하는 과정에서도 기술혁신의 핵심원리가 잘 보인다. 1985년에 처음으로 원자현미경 개념이 제시되고 나서 여러 방식이 제안되었고, 비접촉 방식도 그중 하나다. 창업자는 박사과정 유학 중에 접한 이 기술의 가능성을 최초의 질문으로 품고 집요한 스케일업 과정을 이끌었다. 이론적 가설을 구현하는 데는 수없이 많은 시행착오가 필요했다. 탐침이 시료 위에 떠 있는 채로 1초에 30만 번 진동하는 가운데 시료와 나노미터 단위 간격을 일정하게 유지하기가 말처럼 쉽지는 않다. 실제로 탐침과 시료가 닿아 오류가 나기 일쑤였다. 10여 년에 걸쳐 탐침의 종류와 구동기의 설계, 외부 진

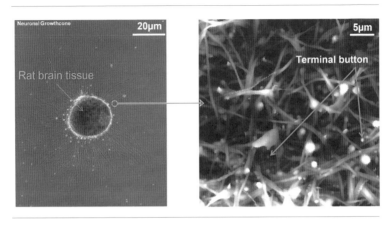

광학현미경으로 본 쥐의 신경세포(왼쪽)를 원자현미경으로 확대해서 얻은 3차원 영상

동을 차단하는 구조물의 재질과 형태 등 여러 가지 보완적인 요소기술을 개발하고 변수의 조합을 바꿔 가며 수천 번의 시행착오를 겪고서야 독자적인 비접촉 기술을 완성했다. 이 과정에서 축적된 고유한 경험 때문에 선진국 기업들도 쉽사리 모방하지 못하고 있으며 국가핵심기술로 지정된 것도 바로 이 때문이다.

핵심 인력의 조합도 중요한 요소다. 창업자가 스탠퍼드대에서 공부하는 동안 원자현미경 개념을 제시한 퀘이트 교수로부터 핵심 지식을 습득하고 최초로 상용화한 경험이 있는 탁월한 과학자다. 기업의 기술은 집단지성의 산물이기도 하다. 젊고 우수한 연구자들이 새 기술의 가능성을 믿고 대기업을 마다한 채 벤처기업의 기술혁신 여정에 동참했다. 물론 이들에게 보상하는 데 스톡옵션이 중요한 구실을 했다. 그뿐만 아니라 병역 특례로 참여한 젊은 이공계 인력들이 혁신 기술의 개발 과정을 체험해 보고 특례 기간 뒤에도 자발적으로 회사에 남아 지속적으로 기술 축적에 기여했다. 병역 특례라는 한국의 독특한 제도가 기술 벤처의 인재 기반 형성에 기여한 것이다.

무엇보다 중요한 것은 한국에 존재하는 첨단 수요 기업의 기능이다. 세계적으로 앞서가는 국내 반도체 회사가 기존 현미경으로 볼 수 없던 문제를 제시하면서 비접촉식 원자현미경으로 해결할 수 있는지를 물어 왔다. 이렇게 만난 도전적인 질문을 하나씩 해결하면서 기업의 기술 수준이 한 단계 도약할 수 있었다. 새로운 태양광 소재와 바이오 신약에 도전하는 첨단의 대학 연구실도 도전적인 최초의 질문을 들고 와, 이를 풀기 위해 씨름하면서 기술 축적의 속도가 빨라졌다. 첨단 원자현미경 기술과 이를 이용하는 기술 개발 현장이 함께 진화한 모범적인 사례다.

현미경과 관련한 자료를 살펴보던 중 원자현미경을 조립하는 현장에 들렀다. 젊은 연구원들이 곳곳에서 기구를 풀고 조이면서 토론을 거듭하고 있었다. 서로 다른 분야의 수요 기업 사람과 대학의 연구자와 원자현미경 전문가 들이 섞여 함께 진화하는 그 공간에서 우리 산업의 미래를 보았다.

맞춤형 마우스를 만들라

표현형 마우스의 주요 임무

국산 신약이 처음으로 FDA 승인을 받은 2003년 이래 11년 만인 2014년에 국내 제약사가 만든 신약이 FDA의 승인을 받았다. 이신약의 후보 물질을 찾기까지 1217번 실패를 반복했고, 이를 잊지 않기 위해 제품 코드명에 아예 이 숫자를 넣었다는 눈물겨운 일화가 있다.

신약 개발은 그만큼 지난한 작업이다. 보통 1만 가지의 잠재적 아이디어, 즉 후보 물질에서 시작한다고 할 때 전임상으로 불리는 동물실험을 통과하는 것은 200가지를 넘는 정도다. 그 뒤 사람을 대상으로 한 임상을 세 차례 거쳐야 하는데, 그러고도 남는 것은 겨우 하나가 될까 말까 하는 정도다. 0.01퍼센트나 0.04퍼센트라는 성공률이 바로 혁신적 결과에 이르는 문이 바늘구멍만큼이나 좁다는 것을 깨닫게 한다. 게다가 FDA 승인을 받아도 시장에서 기대만큼 수익을 올릴지는 알 수 없다. 이렇게 신약의 스케일업 과정은 비용이 많이 들고 기간이 길 뿐 아니라 실패 위험이 큰 것으로 잘 알려졌다. 신약 하나에 1조 원이 넘는 돈과 10년 이상의 기간이 드는데 실패율은 99.9퍼센트라고 봐도 거의 틀림없다.

그래서 신약 산업은 기술 선진국 제약사들만의 무대다. 이들은 전 세계를 다니면서 연구실과 기술 벤처의 좋은 아이디어나 동물실험을 통과한 후보 물질을 싼값에 구한 뒤 자기들의 축적된 스케일업 경험을 바탕으로 임상 과정을 설계한다. 그리고 상업적으로 성공하면 기술을 제공한 기업이나 연구자에게 아이디어값으로 일정한 로열티를 준다.

한국 제약 산업은 1970년대 선진국에서 만들어진 원료 약품을 모방해 합성하는 데서 출발했다. 1980~1990년대를 거치면서 대학과 공공 출연 연구소의 기초연구 역량이 높아져 새로운 후보 물질을 합성해 내기 시작했다. 2000년대 이후 제약사들이 신약 개발에 투자하기 시작했고, 정부도 바이오·제약 산업 육성 계획을 제시하면서 지원책을 찾았다. 이제 새 후보 물질을 찾는 기초연구 수준은 세계 10위권으로 평가되고, 의약품 수출만 해도 2020년에 처음으로 흑자를 기록했다.[7]

하지만 국내 제약사가 유망한 아이디어를 해외에 팔고 세계적 제약사가 이를 받아 스케일업해 나가는 방식은 크게 달라지지 않았다. 이유는 간단하다. 시행착오를 버티면서 실험을 거듭하는 가운데 질문을 업데이트해 나가는 험난한 스케일업 경험과 인프라가 부족하기 때문이다. 다른 기술 분야에서도 정확히 같은 이유로 스케일업 과정을 세계적 기술 챔피언 기업들이 도맡아 하고 있다.

신약 개발을 위한 스케일업 과정의 첫 관문이라고 할 수 있는 것이 동물실험이다. 동물실험은 유전자 편집 같은 기술을 이용해 특정 질병이 있는 모델 동물을 만든 뒤 후보 물질을 투여해서 질병이 효과적으로 치료되는지, 부작용이 있는지를 살펴본다. 이 과정에 작은 마우스(쥐)부터 큰 영장류까지 다양한 동물을 활용하는데, 이 중 마우스가 90퍼센트 이상이다. 마우스는 인간과 유전자가 97퍼센트 넘게 일치하는 데다 수명 주기가 짧고 번식력이 좋아 노화나 세대를 넘는 현상까지 관찰할 수 있다.

이런 점에서 중요한 지적 인프라인 마우스 연구 수준은 신약 제조 분야의 국가 경쟁력을 가늠할 수 있는 기준이 된다. 전 세계의 마우스 연구는 미국 잭슨랩이 선도하는데, 이곳 역사가 90년이 넘는다. 연간 약 270만 마리를 다루고, 미국을 포함해 75개국 1900개 기관에 특수 모델 마우스를 공급한다. 2021년 국내 코로나19 백신 개발 과정에서 시험용 모델 마우스를 만들 시간이 없을 때 잭슨랩의 마우스를 긴급 공수할 수 있었다. 잭슨랩이 코로나를 예상하고 만든 것이 아니라, 언제 쓸지 몰라도 모델 마우스를 여러 종 만들어 데이터베이스로

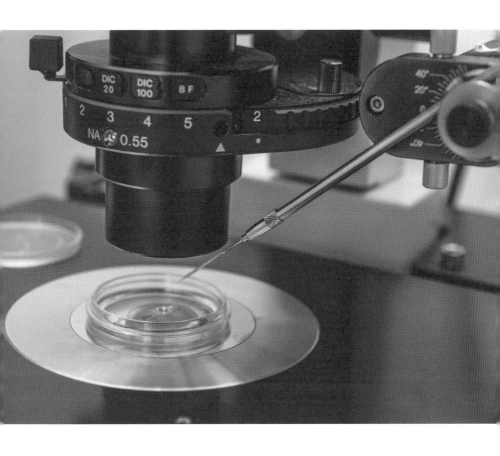

마이크로인젝터로 수정란의 핵에 유전물질을 주입하는 모습

보유한 덕이었다. 미국의 제약사들은 신약을 만들 때 이런 인프라를 이용해서 시행착오를 줄일 수 있기 때문에 다른 나라보다 훨씬 유리한 고지에서 출발할 수 있고, 더 수준 높은 질문을 마음껏 던져 볼 수 있다. 시간의 힘이란 이런 것이다.

중국 난징대의 바이오메디컬연구소도 놀랍다. 마우스 연구소 규모를 흔히 케이지의 수로 말하는데, 이곳의 케이지가 무려 9만 개로 아시아 최대 규모다. 당연히 이 연구소는 특정 유전자를 제거한 모델 마우스를 아시아에서 가장 다양하게 많이 만들어 낸다. 게다가 최근 규모를 두 배로 늘릴 계획을 시작했다고 하니, 거기에서 진행될 다양한 실험의 규모에 기가 질린다. 선진국의 시간을 공간의 힘으로 압축하며 따라잡는 중국의 기술 전략이 여실히 드러난다.

한편 2012년에 시작된 '국제마우스표현형분석컨소시엄(IMPC)'[8]이라는 거대한 국제 공동 연구가 큰 꿈을 꾸고 있다. 인간과 유전자 정보가 유사한 마우스를 대상으로 유전자와 질병의 관계를 담은 백과사전을 만드는 것이 목표다. 특정 유전자가 제거된 모델 마우스를 2만 종 넘게 만들고 갖가지 증상에 대한 데이터베이스를 구축한다는 계획이다. 언젠가 이 계획이 완수된다면 신약 개발의 시행착오를 극적으로 줄이고 최초의 질문 수준을 높일 세계 공용 지식 인프라가 생기는 셈이다. 어떤 기관이든 혼자서는 할 수 없는 일을 분석 역량을 갖춘 국가의 연구 기관들이 나누어 분석하고 자료를 공유하는 방식을 채택했다. 다행히 한국의 '국가마우스표현형분석사업단'[9]도 2013년부터 국제 연구 기관 열여덟 곳 중 하나로서 이 공동 플랫폼에 힘을 보태고 있다.

표현형 마우스에서 찾은 혁신의 원리

표현형 마우스에 대한 연구가 깊어지고 많이 공유되면, 자금과 인력이 부족한 벤처기업이라도 최초의 질문 자체에 집중하고 첫 번째 시험을 포함해 스케일업에 들이는 노력을 크게 줄일 수 있다. 이를 반대로 생각해 보면 지식 공유 기반이 없을 경우 실험실이나 기업마다 표현형 마우스를 키우면서 시험해야 하는데, 대부분 배보다 배꼽이 더 커진다. 마우스를 키우는 데 큰돈이 들어가기 때문에 규모가 작은 실험실에서는 필요한 투자를 못 하고, 그 결과 대부분 일부 시설만 갖춘 채 실험하게 된다. 당연히 오염을 통제하기 어렵고, 다양한 마우스를 만들기도 어렵다. 그래서 첨단 시설에서 배양된 마우스가 필요한 수준 높은 연구의 질문은 엄두도 내지 못한다. 따라서 잭슨랩처럼 사회적으로 지식을 공유하는 고급 데이터베이스는 마치 기업 운영에 꼭 필요한 도로나 통신망 같은 인프라 구실을 한다.

국가적 인프라를 갖추는 것만큼 국제적으로 지식을 공유하는 것도 중요하다. 공유하는 지식 인프라의 규모가 커지고 질이 높아지면 기술 조합의 가능성이 커지기 때문에 모든 국가의 신약 개발 수준과 속도가 높아져 인류 전체가 혜택을 볼 수 있다. 지식 인프라를 공유하면서 게임의 룰을 만드는 과정에 선진국과 나란히 참여하는 것도 큰 의미가 있다. 선진국의 연구자들이 마음속에 어떤 최초의 질문을 품고 움직이는지를 확인할 수 있기 때문에, 우리가 던지는 최초의 질문 수준도 높아질 수 있다. 이것이 기술혁신을 위해 적극적으로 세계적 지식의 네트워크에 참여해야 하는 이유다.

4

질문하는
사람을
찾아서

지금 하고 있는 업무의 영역과 과제를
무비판적으로 받아들이는 것이 아니라
다른 가능성을 열어 두고 최초의 질문을 던지며
끊임없이 다르게 시도하는 사람은
성공할 가능성이 높다.

장르를 여는 기업가

질문하는 기업가는 나이가 없다

오늘 아침에도 1000만 명이 넘는 40대, 50대가 일터로 간다. 일터가 다르니 출근하는 시간도 옷차림도 다르지만, 발걸음이 무겁기는 마찬가지다. 코로나19 위기가 아니라도 정년까지 바라보기 어려운 직장 생활에 미래 신기술의 등장으로 일자리가 없어지지는 않을지 걱정까지 더해지면 머리가 아프다. 게다가 마크 저커버그는 열아홉 살에 페이스북을 만들었네, 세르게이 브린과 래리 페이지는 스물다섯 살에 구글 제국을 세웠네 하는 이야기는 어떤가? 먼 나라 이야기를 차치해도 한국 젊은이가 세운 벤처기업이 수십억, 아니 수조 원에 팔렸다는 뉴스를 들으면 나는 뭐하고 있나 싶어서 중년 직장인의 발걸음이 천근만근이다.

그런데 새로운 기술과 상품 또는 유니콘 기업의 탄생에 대해 뿌리 깊은 착각이 있다. 천재 창업자에게 창의적인 아이디어가 있었다는 서사가 대표적인 착각이다. 모두 착시다. 혁신적 기술과 상품은 예외 없이 조금 황당하고 불확실한 최초의 질문에서 출발한다. 그 분야 사람들이 모두 "나도 생각했는데……." 하고 아쉬워할 만큼 평범한 질문인 경우도 많다. 그 질문을 자기 검열 없이 주장하고, 조금씩 개선하고, 응용 분야를 바꿔 가며 살아남기 위해 애쓰다 좋은 환경을 만나면 마침내 꽃을 피우는 것이다.

재기 발랄한 20대라야 혁신적인 벤처기업을 시작할 수 있다는 착각도 있다. 애플, 페이스북, 구글 등 특이한 성공 사례가 미디어를 통해 알려지면서 일으킨 일반화의 오류다. 혁신적 창업가의 나이에 대한 착시를 바로잡기에 좋은 통계가 있다. 매사추세츠공대 피에르 아줄레와 동료 연구자들이 조사한 바로는 2007년부터 2014년까지 창업한 미국 벤처 270만 개사의 설립 당시 창업자 평균 나이가 42세다.[1] 그 가운데 상위 0.1퍼센트급 고성장 벤처기업가의 창업 당시 평균 나이는 45세였다. 우리나라에도 이와 비슷한 조사 결과가 있다. 2021년에 산업연구원이 스핀오프 창업 기업들을 대상으로 조사해 보니 창업하겠다고 마음먹은 나이가 40세, 실제 창업 당시 나이는 43세였다.[2]

20대 창업가들의 성공담은 분명 특이해서 미디어의 관심을 받을 만하지만, 20대가 지나면 창업을 꿈꾸지 말아야 한다는 것은 지나친 비약이다. 중년 창업가의 성공담을 풀어 보자면 밤을 새워도 모자란

상위 1% 성장률 스타트업
전체 스타트업

자료: 전미경제연구소(NBER) 보고서 (24489)

미국 기업 창업자 연령 분포

다. 어윈 제이콥스는 52세에 세운 퀄컴으로 통신 업계의 룰을 바꿨다. 《허핑턴포스트》라는 새로운 저널리즘을 만들어 낸 아리아나 허핑턴도 55세에 창업했다. 가까운 데로 눈을 돌리면, 서정진 회장이 셀트리온을 창업했을 때 45세였고 같은 나이에 박현주 회장은 월급쟁이 생활을 청산하고 미래에셋을 시작했다. 어떤 나이건 자신만의 질문을 가진 기업가가 될 수 있다.

축적과 퇴적의 갈림길에서

30대와 40대, 나아가 50대에 창업하고 성공한 사람들의 이야기는 오늘도 출근길에 오른 수많은 직장인에게 분명 위로가 된다. 그러나 '늦깎이' 창업이라는 특정 시점보다는 창업하기까지 도대체 뭘 하고 있었는지를 더 눈여겨봐야 한다. 이들은 무엇보다 관련 분야에 종사하면서 전문가가 되었다는 공통점이 있다. 축산물 온라인 플랫폼으로 유통의 새 장을 열고 있는 한 벤처 창업자는 육류 유통 회사에서 20년간 온갖 업무의 경험을 쌓았다. 긴 시간 동안 같은 일을 반복한 것이 아니라 조금씩 다르게, 새롭게 할 수 있는 일을 끊임없이 고민했다는 점이 중요하다. 업무에서 쌓은 전문성에 기초해 스스로 최초의 질문을 만들어 내거나 주변 사람들이 제기한 최초의 질문을 예민한 더듬이로 찾아냈다. 네이버와 카카오의 창업자들도 모두 기존 직장에서 전문성을 쌓았고, 관련 분야에서 최초의 질문을 던진 끝에 오늘에 이르렀다. 축적된 전문성이 있었기 때문에 창업을 결심했을 때 최초의 질문이 수준 높았을 뿐 아니라 시험 사업 단계에서 내놓은 해법의 수준도 높았다.

세 살배기 딸의 천진한 질문을 받고 즉석 사진을 만들어 낸 랜드도 마찬가지다. 그가 편광판과 필름 분야에서 최고의 전문성을 쌓은 덕에 딸의 질문에 담긴 중요성을 알아차리고 한 시간 만에 해법의 초안을 구상할 수 있었다. 필름 분야 전문가가 아니라면, 같은 질문에 대한 답이 그저 머리 한번 쓰다듬어 주기나 어색한 웃음이었을 것이다. 준비된 자가 기회를 얻는다는 말은, 오늘 일터로 가는 우리 모두 노력하기에 따라 준비된 자가 될 수 있다는 뜻이다. 언제 어디에서 기회가 올지 모른다.

흥미로운 조사 결과가 있다. 2015년에 발표된 미국 직장인 5만 명을 대상으로 한 조사 결과다.[3] 처음 업무용 컴퓨터를 받았을 때 기본으로 깔려 있던 인터넷 검색 프로그램을 쓰지 않고 다른 검색 프로그램을 일부러 내려받아 설치해서 쓰는 직원은 재직 기간이 13퍼센트 더 길고, 결근율이 19퍼센트 더 낮았으며, 업무 성과는 더 높았다. 이 결과는 무엇이든 주어진 대로 받아들이기보다는 능동적으로 해보려는 사람들의 성과가 더 좋다는 뜻이다. 인터넷 검색 프로그램에만 해당하는 이야기는 아니다. 지금 하고 있는 업무의 영역과 과제를 무비판적으로 받아들이는 것이 아니라 다른 가능성을 열어 두고 최초의 질문을 던지며 끊임없이 다르게 시도하는 사람은 성공할 가능성이 높다. 이런 사람이라면 직장인은 성공한 창업가로, 연구자는 독창적 연구자로, 음악가는 예술가로 진화할 수 있다.

'나는 창업할 만큼 간이 크지 않다'는 사람들에게는 기업가 정신의 대가라는 피터 드러커의 조언이 딱이다. 어느 날 강연 중이던 그가 젊은 청중에게 질문을 받았다. 훌륭한 기업가들이 실패의 위험을 조금도 두려워하지 않고 무모하리만큼 과감하게 뛰어드는 용기가 부러운데, 그런 기업가 정신은 어떻게 키울 수 있느냐는 것이었다. 드러커의 답이 뜻밖이다. 전 세계의 내로라하는 기업가들을 수없이 만나 보았는데, 그들이 일반인보다 더 위험 회피적이라고 했다. 그래서 더 열심히 탐색하고 준비하더라는 것이다. 망해도 본전이고 인생은 어차피

로또라는 생각으로 사표부터 던진 간 큰 창업가는 일찍 사라져서 우리 눈에 보이지 않는다. 혁신적인 기업으로 비즈니스의 새로운 법칙을 세운 창업가들은 최초의 질문을 들고 위험을 줄이기 위해 준비하고 스몰베팅으로 질문을 다듬어 가면서 성공의 길에 이르렀다. 결과가 놀라울 뿐, 준비 과정은 더없이 신중하고 치열했다.

탁월한 기업가는 태어나는 것이 아니다. 모두가 잠재적 기업가다. 어떻게든 전과 다른 방식으로 해 보자는 마음을 내는 것, 이것이 모든 혁신의 시작이고 끝이다. 최초의 질문 하나를 들고 답을 찾아 첫 번째 버전을 만들고, 교훈을 얻어 이 버전과 조금 다르게 만드는 집요함이 '기업가 정신'의 또 다른 본질이다. 한 분야의 전문가가 되기로 작정하고, 매일 조금씩 다른 목표를 세우며 경험을 축적해야 한다. 10년을 같은 방식으로 일하는지, 매번 조금씩 다른 방식과 방향으로 일하는지에 따라 오늘 하루가 스케일업의 시간이 되거나 퇴적의 시간이 될 것이다. 자신의 역사와 스스로 싸우면서 한 걸음씩 나가면 누구나 탁월한 기업가가 될 수 있다.

최초의 질문으로
혁신을 이끄는
리더십

10년 차 과장의 고민

우리 산업과 기술도 선진국과 같이 독창적 개념설계로 세계에 통할 게임의 룰을 만들어 가야 한다는 생각에서 그간 많은 기업인, 기술자, 과학자 들을 만났다. 그러면서 가장 많이 들은 말이 어떻게 실천할 수 있을지 모르겠다는 것이다. 그래서 고민 끝에 다섯 가지 키워드를 정리했는데, 지금까지 살펴본 기술혁신의 원리를 모았을 뿐이다.

(1) 도전적인 '최초의 질문'
(2) 작은 것에서부터 버전을 빠르게 높이는 '스몰베팅'
(3) 외부의 지식과 시각을 도입하는 '오픈 네트워킹'
(4) 시행착오의 경험을 쌓아 가는 '축적 시스템'

(5) 매 단계의 '철저한 실행'

    모두 상식적이라서인지 많은 경영자와 과학기술자 들이 공감해 주었다. 몇몇 조직에서는 이 다섯 가지 키워드를 세분화한 체크리스트나 매뉴얼을 만들어 스스로 점검해 보기도 했다. 이런 상호 학습을 하던 중 모 그룹의 직원들과 이야기할 기회가 있었는데, 즉석 설문 조사를 해 보자는 생각이 갑자기 들었다. 입사 10년 차 안팎의 과장·부장급 인재로, 회사의 비전과 운영 방식을 잘 아는 사람들이었다. 내 질문은 간단했다. "우리 회사에서 독창적인 개념설계가 나오지 못하는 이유와 관련된 키워드가 이 다섯 가지 가운데 무엇입니까?"

    그들에게 받은 답은 다음 표와 같다.[4]

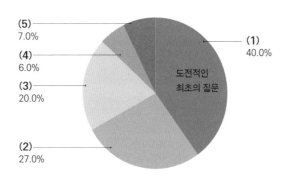

독창적 개념설계를 못 하는 이유

이들이 가장 많이 고른 것은 (1) 도전적인 '최초의 질문'이다. 왜 그렇게 생각하는지 물어보면 대체로 비슷한 이야기를 들려주었다. 아침에 출근할 때 지금까지 해 보지 않은 도전적 과제를 마주하고 해결한다는 느낌, 그 과정에 아무도 갖지 못한 경험을 쌓으면서 고수가 되고 있다는 느낌이 없다는 것이다. 이 흥미로운 결과는 그 뒤 제조, 소프트웨어, 제약 등 여러 산업 분야에서 그리고 벤처기업, 연구소, 대기업 등 규모와 지향이 다른 여러 조직에서 공통적으로 관찰할 수 있었다.

그럼 이 10년 차 과장, 부장들이 목마르게 기다리는 도전적인 최초의 질문을 누가 줄 수 있을까? 바로 이들에게 업무를 지시하는 리더다. 그래서 나는 혁신 조직을 이끄는 리더에게 가장 중요한 덕목이 최초의 도전적인 질문을 던질 수 있는 역량이라고 확신하게 되었다. 최초의 질문이 제기되었을 때 그것을 알아보고 채택할 수 있는 역량이라고 해도 좋다. 이쯤 되면 눈치챘겠지만, 10년 차 과장·부장도 분명 리더다. 이들이야말로 자신과 함께하는 후배들에게 도전적 질문을 던질 수 있어야 한다.

노키아가 한창 잘 나가던 2004년, 사원이던 아리 하카라이넨이 인터넷 접속, 컬러 터치스크린, 고해상도 카메라, 심지어 앱스토어와 닮은 콘셉트까지 포함한 스마트폰 시제품의 기능을 경영진 앞에서 선보였다. 그러나 수익성 좋은 기존 모델에서 눈을 돌리지 못한 리더들은 최초의 질문을 채택하지도, 스스로 제시하지도 못했다. 2007년에 아이폰이 등장했고, 2013년에 노키아의 모바일 사업 부문은 통째로 매각되어 사라졌다. 이 이야기를 소개한 《뉴욕타임스》 기사[5]에 따르면, 당시 노키아 내부에서는 비용이 많이 필요하고 위험부담도 크다는 이유로 스마트폰에 대한 최초의 질문 제기가 저지되었으며 회사가 옛 소련식 관료주의하에 질문 없는 실행 조직으로 변해 갔다. 기회가 많을수록 위험부담이 크기 마련이고, 그래서 더욱 외부와 손을 잡으면서 스몰베팅으로 작지만 빠른 버전 업을 실행해야 한다. 그런데 아예 질문이 나올 분화구 자체를 막아 버린 것이다. 끊임없이 업계의 룰을 갈아 치우는 세계적 기술 선도 기업에는 도전적인 최초의 질문이 넘쳐 난다. 한때 혁신의 제국이었어도 최초의 질문이 없으면 소리 없이 스러진다. 예외가 없다.

도전, 열정, 끈기는 타고나지 않는다

모 그룹에서 공들여 영입한 세계적 기술 인재가 2, 3년을 못 버티고 떠나는 일이 허다했다. 그 이유를 찾으려는 인사 팀에서 떠나는 인재와 인터뷰를 진행했다. 심지어 이직한다는 회사의 연봉 수준이 크게 떨어지는 경우도 있는데 도대체 왜 떠나는가? 답은 대개 한 가지다. 웬만큼 노력하면 이룰 수 있는 과제만 수행하는 환경이 두렵다는 것이다. 도전적 시행착오의 기회가 없으면 성장할 수 없고, 그렇게 안주하다 보면 프로의 세계에서 하루하루 뒤처지게 된다는 확실한 논리다. 답답해하는 인사 책임자의 말을 듣던 내가 작은 위로를 건넸다. 추격 시대 문제 해결자의 습관을 버리지 못한 조직 문화 탓이지 당신의 잘못이 아니라고.

영입 인재만 떠나는 게 아니다. 한국경영자총협회(경총)가 2016년에 306개 기업을 대상으로 조사한 결과가 오랫동안 회자되었다. 바로 신입 사원의 27.7퍼센트가 입사 후 1년 내에 퇴사한다는 결과다.[6] 2021년 9월에 한 취업 플랫폼이 MZ세대 직장인과 취업 준비생 1776명을 대상으로 한 설문 조사에서도 직장 생활을 통해 얻고 싶은 것 1위는 연봉이 아니라 '개인의 역량 향상과 발전'이었다. 현재 직장에 만족한다면 그 이유가 무엇일까? 이 경우에도 같은 대답이었다. 1위가 '일이 재미있다'였고, 2위가 '일을 하면서 자신이 발전하는 느낌이 든다'였다.[7] 다른 나라의 직장인도 비슷하다. 2016년에 컨설팅 회사 딜로이트가 한국을 포함해 전 세계 밀레니얼 세대 직장인들에게 물었다. 이때 1년 안에 회사를 떠나겠다는 답이 25퍼센트, 2년 안에 떠난다는 답은 무려 44퍼센트였다. 이직의 가장 큰 이유는 전문가로서 성장하지 못하는 환경이라고 답했는데, 이직 계획이 있다고 한 사람들 중 무려 60퍼센트가 넘게 이 이유를 들었다.

어떤 인연으로든 한 회사에 몸담았으면 그곳에서 평생을 보내야 한다는 건 옛이야기가 된 지 오래다. MZ세대 인재들은 기본적으로 100세 시대에 전문가로서 자리매김하고 오래 살아남아야 한다고 생각한다. 언젠가는 자신만의 기술과 노하우로 창업할 꿈도 있다. 그러자면 조금이라도 젊을 때 도전해 보지 못한 과제에 참여하며 남들이 못 할 경험을 쌓는 것이 중요하다고 생각한다. 우수한 인재일수록 도전적인 최초의 질문에 반응하는 이유다.

젊은 인재가 도전적인 문제가 있는 곳을 찾아 떠나는 현상은 조직이 커질수록 점점 더 심각해진다. 그것은 복잡한 조직 내부의 의사결정에서 자신이 하는 일이 구체적으로 어떤 성과를 낳는지, 자신이 어떻게 기여하는지가 잘 안 보이기 때문이다. 예컨대 네 명이 모여서 만든 벤처기업을 가정해 보자. 이들이 같이 밤새워 만든 제품이 시장에서 환호를 또는 혹평을 받을 수 있다. 그리고 이런 성패 경험을 구성원들이 저마다 피부로 느끼고 공유할 수 있다. 1년 내내 기대하고 매달리던 일이 물거품이 되기라도 하면 가까운 맥줏집에서 서로 부둥켜안고 울분을 토할지도 모른다. 또는 다른 아이디어가 떠올라 다시 의기투합할지도 모른다. 이런 대체할 수 없는 경험이 젊은 인재들을 자극한다. 이와 반대되는 상황을 상상해 보자. 내부 보고 자료를 만드느라 하루를 다 보내 짜증 나는데 지나가던 선임이 글자 좀 키워서 보기 좋게 하란다?!

재미있는 유아 실험이 하나 있다. MIT 연구진이 2017년《사이언스》에 발표한 것이다.[8] 평균 15개월 정도 되는 유아를 두 집단으로 나눈다. A 집단 아이들을 한 명씩 데려다 놓고 그 앞에서 연구원이 30초 동안 작은 상자에서 뭔가 꺼내는 시늉을 하는데, 처음 보는 문제라 해결하기가 아주 힘겹다는 듯 시행착오를 하며 꺼내는 모습을 보인다. B 집단 아이들 앞에서는 똑같은 30초 동안 같은 상자에서 뭔가를 꺼내는데 이번에는 아무 어려움 없이 쉬운 듯한 태도로 임무를 수행한다. 그 뒤 아이들이 좋아하는 소리가 나는 장난감을 쥐여준다. 그러나 전원이 꺼져서 단추를 눌러도 소리가 나지 않기 때문에, 아기들은 소리가 날 때까지 마구 두드리다가 이내 흥미를 잃고 장난감을 던져버리거나 연구원에게 도움을 요청한다.

이 실험에서 가장 중요하게 관찰할 것은 아이가 장난감을 받고 흥미를 잃거나 도움을 요청할 때까지 얼마나 끈기 있게 도전하는가에 있다. 놀랍게도 A 집단 유아가 B 집단 유아보다 두 배가 넘는 횟수로 장난감 버튼을 눌렀다. 말도 통하지 않는 아이들 앞에서 30초 동안 애쓰는 듯한 모습을 보였을 뿐이지만 아이들의 도전 의식과 끈기가 두 배로 늘어났다. 이 실험이 혁신의 리더십을 고민하는 사람들에게 시사하는 바는 명쾌하다. 도전 의식이나 끈기는 타고나는 것이 아니다. 리더가 어떤 질문을 던지고 어떤 시도를 하는가에 따라 그것을 보는 구성원들의 태도가 달라진다는 뜻이다. 답이 정해져 있지 않은 질문을 던지고 스스로 분투하는 사람을 비전을 주는 리더라고 부른다. 이들은 혁신적인 기업가, 탁월한 연구자나 영감 어린 예술가의 모습으로 사람들을 이끈다. 이런 리더가 MZ세대 인재들의 열정와 끈기를 불러일으킨다.

정답을 아는 리더의 한계

한번은 나사의 기술진이 소형 안테나를 설계하기로 했다. 교과서 지식에 따라 가장 적합한 모양을 설계하는 것이 아니라 진화적 방식을 택했다. 그 절차를 요약하면 이렇다. 처음에 안테나 모양을 대충 몇 개 만들고, 성능 시험을 한 다음 좋은 것들을 남긴다. 선택된 것들의 가지를 구부리고 펴는 식으로 변이를 만들고, 그중 성능이 좋은 것을 선택한다. 이런 방식을 계속 반복하다 보면 변이가 있어도 성능이 올라가지 않는 상태가 되는데, 이때의 모양을 가장 적합한 것으로 선택한다. 다음 사진이 그 결과를 보여 준다.[9]

이 기괴한 안테나를 평생 안테나 설계만 해 온 전문가에게 보이면 아마 기겁하고 말할 것이다. "뭘 모르나 본데, 안테나는 그렇게 만드는 게 아니야." 그런데 중요한 사실이 있다. 전문 지식을 따른 하향식 설계보다 이렇게 여러 대안을 시험하고 고르고, 다시 대안을 만들고 시험하고 고르는 진화적 사고방식에 따라 설계한 것이 성능 면에서 더 뛰어나다는 점이다. 진화적 설계 방식이 단순히 변이를 만들고 좋은 것을 고르는 수동적인 과정처럼 보일지 몰라도 결코 그렇지 않다. 어떤 성능의 안테나를 새로 만들고 싶은지, 즉 여러 대안 가운데 어느 것이 좋은지를 판단하는 기준은 미리 정확하게 제시해야 한다. 판단 기준을 제시하는 것이 바로 최초의 질문이다. 판단 기준, 즉 최초의 질문이 없으면 그저 이러저러하게 잡다한 변이만 많아지지 조금씩 나이기는 진화는 일어나지 않는다.

　이 실험의 결과는 바람직한 리더십이 무엇인지에 대해 중요한 것을 보여 준다. 바람직한 리더는 답을 아는 사람이 아니다. 자신도 답을 모르지만 최초의 도전적 질문을 던지고, 여러 번 시험해 볼 수 있도록 스몰베팅을 지원하고 객관적으로 평가하고, 이번에 배운 것을 바탕으로 다음 시도를 빨리 할 수 있도록 지휘하는 사람이 리더다.

　히포(HIPPO, Highest-Paid Person's Opinion) 신드롬이라는 말이 있다. 히포가 조직에서 임금을 많이 받는 사람의 견해를 가리키니, 히

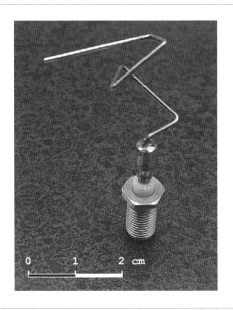

진화 알고리즘으로 설계한 안테나

포 신드롬은 상급자가 답을 불러 주면서 의사 결정을 주도할 때 생기는 문제를 뜻한다. 상급자가 '내가 제일 잘 안다'며 자신이 생각하는 정답을 받아쓰게 하고 하급자도 '리더가 말하는 게 답이겠지.' 하고 무비판적으로 따르는 조직에서는 도전적인 최초의 질문이 나오기 어렵고 당연히 스케일업은 꿈도 못 꾼다. 실패가 있을 수밖에 없는 도전적 시행착오를 용납하지 않기 때문이다. 따지고 보면, 이러저러한 식으로 하면 될 거라고 답을 제시해 주었는데 시행착오가 일어나는 경우는 오로지 하급자의 역량 부족이나 불성실 탓이다. 이런 하마 같은 리더들은 늘 성공할 만한 계획을 제안하고 지시하기 때문에 단기적으로 성과가 좋은 것처럼 보인다.

인텔 창업자 노이스가 일본 출장에서 한 번도 만들어 본 적 없는 CPU의 설계 주문을 받았을 때 그에게도 답은 없었다. 자기도 답을 몰랐기 때문에 2년간 이어진 시행착오를 기술진과 같이 겪을 수밖에 없었다. 1단 로켓을 재사용할 수 있을까 하고 최초의 질문을 던졌지만, 머스크도 답을 몰랐다. 그래서 무려 13년의 시행착오 끝에 처음으로 로켓이 착륙했을 때 스페이스X 직원들과 마찬가지로 펄쩍 뛰고 좋아했다. 답이 정해지지 않은 최초의 질문을 던질 수 있는가, 이것이 진정한 리더의 자격에 대한 물음이다.

평생 질문하는 사람을 키우는 사회

기술 실업의 공포와 학습사회

인공지능 로봇이 고객의 주문대로 커피를 만들어 주는 로봇 카페가 속속 들어서고 있다. 그중 한 업체는 이미 100호점까지 열었다. 로봇이 만드는 커피에 점점 익숙해지면, 전국 방방곡곡에 8만 곳 넘게 있다는 카페의 바리스타와 아르바이트 직원 들은 어떻게 될까?

미국의 로봇공학자 한스 모라벡이 제시한 역설은 '인간에게 어려운 것은 컴퓨터에게 쉽고, 인간에게 쉬운 것은 컴퓨터에게 어렵다'는 말이다. 단순한 반복 작업이 아니라 인지나 판단이 필요한 작업은 기계화되기 어려울 것이라는 예측인데, 최근 인공지능으로 대표되는 4차 산업혁명 기술의 발달로 이 역설도 깨지고 있다. 전문성을 대표하는 분야인 법률 시장만 봐도 쉽게 알 수 있다. 2018년에 이미 국내

한 법률 회사가 인공지능 프로그램을 계약했고, 2019년 서울에서 열린 인간 변호사 아홉 팀과 인공지능과 인간이 연합한 세 팀이 벌인 자문 대결 행사에서 연합 팀이 1위부터 3위까지 차지했다는 보도도 있다.[10] 그런데 흥미롭게도 인간은 아직 이런 사실을 받아들이지 않는 모양이다. 2021년 1월 한국고용정보원이 발표한 변호사와 로스쿨 재학생 인식 조사에서 인공지능의 영향이 크지 않을 것이라는 예상이 지배적으로 나타났다.[11] 인간의 전망이 옳을지는 지켜볼 일이다.

산업의 발전 과정은 혁신적 기술로 무장한 새로운 산업이 낡은 산업을 밀어내는 창조적 파괴가 핵심이다. 그 와중에 새로운 일자리로 옮겨 가지 못한 사람들은 실업으로 내몰린다. 이렇게 신기술의 등장으로 일자리를 잃는 현상을 기술 실업이라고 하는데, 중·장기적으로 실업의 가장 근본적인 원인이다. 존 케인스는 20세기 초반의 급격한 자동화와 그에 따른 일자리 변동을 목격하고 그의 유명한 『고용, 이자 및 화폐의 일반 이론』(1936)에서 기술 실업 문제가 '듣도 보도 못한 새로운 질병'이 될 것이라고 경고했다.[12]

인공지능으로 대표되는 최근의 기술 발전이 일자리에 어떤 영향을 줄지는 지금도 논쟁 중이지만, 공고하던 기존 일자리의 기반이 흔들리고 있다는 정황증거는 곳곳에 널렸다. 독일의 경제정책연구센터(CEPR)는 독일에서 로봇 한 대가 늘어날 때마다 제조업 일자리가 두 개씩 사라진다고 분석했다.[13] 특히 인공지능이 단순 업무뿐 아니라 고임금, 고학력 일자리에도 큰 위협이 될 것으로 보인다. 컨설팅 회사 가

트너가 몇 년 안에 의사, 변호사, 교수, 기자, 컨설턴트 등 전문직의 업무 가운데 3분의 1 이상이 인공지능으로 대체될 것이라고 예상할 정도다. 2019년에 영국 BBC는 인공지능이 활성화되면 곧 없어질 직업으로 의사, 변호사, 건축가, 회계사, 전투기 조종사, 경찰, 부동산 중개인을 꼽기도 했다. 지금은 모두 고소득 전문직으로 양질의 일자리다. 기술 예측 전문가인 리처드 서스킨드는 이 현상을 재미있는 문장으로 요약했다. "툭하면 로봇처럼 영혼 없이 말하는 정치인들도 지긋지긋한데, 이제는 정치인처럼 말하는 영혼 없는 로봇까지 생기고 있다."[14]

한편 인공지능 관련 기술의 긍정적인 효과에 주목하는 의견도 적지 않다. 인공지능 프로그램을 짜는 등 신기술을 개발하거나 관리하는 일이 생기고, 서비스업을 중심으로 전에 없던 새로운 일자리가 생길 것으로 예상하는 사람들이 많다. 그뿐만 아니라 단순 반복 작업에서 풀려난 사람들이 가치 있는 일에 시간을 쓰면서 더 인간적인 삶을 누릴 것이라는 행복한 전망도 있다.

그러나 일자리가 없어지는 것은 확실히 보이는 데 반해 새로 생길 일자리에 대해서는 불확실하고 희망 섞인 기대가 많다. 게다가 새로 생기는 일자리의 매출 대비 고용 효과도 크지 않다. 구글이 유튜브를 인수, 합병했을 때 지급한 돈은 16억 달러가 넘지만 직원은 고작 65명이었다. 인스타그램이 페이스북에 인수되던 2014년에 직원은 겨우 13명이었다. 미국을 대표하는 인터넷 기반 기업들이 주식시장을 석권하고 국내총생산(GDP)의 상당 부분을 차지하고 있지만 고용에서 차지하는 비율은 2010년 기준으로 겨우 0.5퍼센트라는 통계도 있다.[15] 생산성이 높아졌다고도 할 수 있겠지만, 다른 측면에서 보면 동일한 부가가치를 생산해도 일하는 사람은 전보다 훨씬 적게 필요하다는 뜻일 수 있다.

결정적으로, 더 수준 높은 업무나 새로운 일자리가 생긴다고 해도 그에 걸맞은 역량을 갖추지 못했다면 그저 그림의 떡이다. 이런 역량의 불일치가 계속된다면 결과가 암울하다. 역량을 갖춘 소수의 운 좋은 사람들은 엄청난 임금 프리미엄을 누리겠지만, 그렇지 못한 대다수는 질 낮은 단순 서비스 직종으로 내몰리거나 일자리를 잃을 수밖에 없을 것이다. 그 결과로 양극화가 심해지면, 일터에 남은 사람들이 자리를 지키려고 장벽을 쌓으면서 사회 갈등이 극심해질 것이다.

사실 기술이 인간을 몰아내고 인간이 그것에 저항한 역사가 의외로 길다. 16세기 프로이센의 한 발명가가 리본 베틀 기계를 만들어 내자 장인과 길드 조직이 격렬하게 저항했고, 단치히 시 정부가 이들 편을 들어 발명가를 처형하기도 했다. 1966년에는 미국의 국제인쇄기술자노조가 그때부터 8년간 활자를 조판하는 식자실의 자동화를 금지한다는 협약을 신문·출판업자들에게 강요했다. 결국 이 8년 동안 높은 비용을 감당하지 못한 소형 신문사 여섯 곳이 사라졌다. 인쇄기술자노조가 언론계의 일자리를 없애고 있다는 비난 여론이 높아지면서 협약은 파기되고 식자실은 구시대의 유물이 되었다.[16] 놀랍게도 조선 시대에도 이와 비슷한 예가 있다. 조선이 건국 이래 상당한 기간 동안 법을 통해 모내기법을 쓰지 못하게 했는데, 그 이유로 가뭄 피해가 커질 가능성도 있지만 생산성이 증가하면 필요한 농민의 수가 줄어들 것을 조정이 걱정했기 때문이라는 기록이 있다.[17]

기술 실업에 대한 정책적 대응 또한 오래된 역사가 있다. 1963년 미국에서는 저명한 과학자, 경제학자, 학술원 회원 등이 연명으로 자동화에 따른 실업 문제를 경고하고 대통령에게 국가적 대책 마련을 요청하는 내용의 성명을 《뉴욕타임스》에 발표하기도 했다. 이에 부응해 케네디 대통령이 관련된 국가 위원회의 설립을 의회에 요청했고, 그를 이은 존슨 대통령이 재임하던 1965년에 기술과 실업 문제에 대한 종합적 대책을 담은 보고서가 나왔다. 이때 논의에 이미 기본소득, 평생학습 같은 개념이 담겼다.

오늘날 한국에는 2700만 명이 넘는 취업자가 있다. 한 조사 결과에 따르면 2025년쯤에는 전체 취업자 중 70퍼센트 이상이 인공지능과 로봇으로 대체될 가능성이 높은 '대체 위험 직업'에 있을 것으로 보인다. 최근 행정안전부가 의뢰한 연구 결과로는 공무원 직무도 25퍼센트 이상이 인공지능으로 대체될 수 있는 것으로 나타났다.[18] 기술 실업의 공포는 남의 이야기가 아니다. 이 문제가 인구 감소 문제만큼이나 심각할 수 있다. 게다가 다가오는 속도가 더 빠르다. 나는 인공지능을 비롯한 4차 산업혁명 기술이 새로운 일자리를 가져다줄 것이라고 확신한다. 그러나 새로운 기술이 '모든 사람'에게 혜택이 되게 하려면 모든 사람이 새로운 기회에 접근해서 독창적인 최초의 질문을 던질 수 있도록 역량을 키워 줘야 한다. 인적자원의 기술 전환 문제가 국가적 과제가 되어야 하는 이유다.

이런 점에서 독일의 사례가 훌륭한 교훈을 준다. '4차 산업혁명'이라는 말을 만들고 가장 선도적으로 움직인 독일은 산업계와 연구계를 중심으로 '산업 4.0'을 추진하면서 제조업에 인공지능과 지능형 로봇을 도입하는 등 산업의 룰을 바꾸는 변화를 선도해 왔다. 이와 동시에 노조와 협력해 '노동 4.0'을 더했다. 기술과 사람이 함께 진보하지 않으면 안 된다는 문제의식을 담은 것이다. 이 '노동 4.0'의 핵심 주제 중 하나가 바로 미래의 일자리 안정성을 위한 평생학습 강화다.

교육이 아니라 학습

기계와 인간의 대결에서 인간이 살아남는 방법은 기술로 해결할 수 있는 것은 내주는 대신 인간만 할 수 있는 영역으로 진화해 가는 것이다. 달리 말하자면, 기계가 문제를 해결하도록 최초의 질문을 제기하는 고급 출제자로 탈바꿈하는 것이다. 「모던 타임즈」라는 영화를 통해 찰리 채플린이 비판하려고 한 바로 그 지점이다. 종일 서서 로봇처럼 끊임없이 나사를 조이는 삶은 인간다운 삶이 아니다. 이런 틀에서는 인간이 로봇처럼 움직여야 한다. 시간 맞춰 출근해 일을 시작하고, 정해진 시간에 쉬고, 퇴근해야 한다. 질문 없이 매뉴얼을 빨리 익혀 로봇처럼 실수 없이 일해야 좋은 평가를 받는다. 4차 산업혁명 시대에는 이런 비인간적인 업무를 로봇에게 넘겨주고 의미를 만들면서 자아를 실현하는 업무 쪽으로 가야 한다.

그런데 표준화된 일을 하던 인간이 어느 날 갑자기 도전적인 문제를 제시하는 사람으로 변신할 수 있을지가 문제다. 지식과 기술의 내용이 달라지기 때문이다. 1969년에 초대 노벨경제학상을 받은 경제성장 이론가 얀 틴베르헌은 이를 '교육과 기술의 경주'라는 말로 표현했다.[19]

지금 전 세계는 이 경주에서 기술을 앞서 이끌 수 있는 인재를 확보하기 위해 총성 없는 전쟁을 치르고 있다. 이때 인재란 산업화 시대에 통하던 표준화된 인력이 아니라 창의적인 역량을 갖춘 사람, 최초의 질문을 던질 수 있는 사람이다. 미국 정부는 경쟁력 강화 정책의 핵심으로 STEM, 즉 자연과학(Science)·기술(Technology)·공학(Engineering)·수학(Mathematics) 교육에 사활을 걸고 있다. 2022년 2월에는 미국 하원이 기존 취업 비자에 할당된 8만 명보다 더 많은 해외 인력을 받아들이기 위해 전문직 취업 비자를 신설하는 것에 관한 법안을 처리하기도 했다. 그들의 목표는 정보기술, 공학, 수학, 물리학, 의학 같은 영역에서 문제를 제시할 역량을 갖춘 인재를 더 많이 유치하는 것이다.

중국도 백인 계획이나 천인 계획 등을 통해 인재 유치 전쟁에서 미국에 결코 뒤지지 않는 행보를 보였다. 외국의 인재뿐 아니라 중국내 기술혁신 전문가를 키우려는 노력도 박차를 가하고 있다. 아직까지는 한국이 인구 1000명당 연구원 수를 따질 때 중국보다 6.7배 더 많다며 안심해도 된다는 사람이 많은데, 기술 개발이 어떻게 진행되는지 모르고 하는 소리다. 주택 보급률이나 인터넷 보급률과 달리 기술혁신은 인구 1000명당 연구원 수보다 연구원의 절대 숫자가 많아야 더 높은 수준의 기술을 가질 수 있다. 중국의 연구원 수는 한국의 4.3배다. 세계적으로 경쟁하는 첨단 분야는 뻔한데, 네 배나 많은 사람이 달려들면 도전적인 질문을 제기할 가능성이 더 크고, 연구 결과가 더 좋을 수밖에 없다. 한국이 그나마 반도체 같은 첨단 분야에서 중국과 기술 격차를 유지하는 것은 먼저 출발한 덕에 도전적인 최초의 질문을 제기할 인재를 더 오래 축적했기 때문이다. 그러나 지금 추세라면 따라잡히는 것이 시간문제다.

　그런데 우리 안을 들여다보면 안타까운 상황이 이어지고 있다. 몇 년 전 우리 집 막내가 시험을 앞두고 공부하는 것을 우연히 보다 깜짝 놀랐다. "포항, 과메기, 포항, 과메기……." 하고 중얼거리길래 뭘 하는지 물어보니 한국지리 교과 내용을 암기하는 중이었다. 아직 과메기를 먹어 보지도 못한 아이가 포항이 과메기의 산지라는 맥락 없는 지식을 꾸역꾸역 머릿속에 집어넣고 있었다. 양손 엄지로 입력하는 시간을 다 더해도 휴대전화로 10초면 찾을 수 있을 지식을 왜 아직도 외우게 하는지 이해가 안 됐다. 2014년 교육방송의 다큐멘터리에 등장해서 한때 화제가 된 중학교 1학년 도덕 시험문제[20]도 마찬가지다.

문: 인생의 꿈과 행복은 언제 결정될까요?

답: ①10대 ②20대 ③30대 ④40대 ⑤50대 (정답 ①)

문: 많은 사람들이 가장 살고 싶어 하는 집은 어떤 집일까요?

답: ① 화려하고 큰 집 ②동물이 많은 집 ③나무가 많고 큰 집 ④편리하고 깨끗한 집 ⑤게임기와 오락시설이 많은 집 (정답 ④)

꿈이 정해지는 시기를 묻는 문제의 답은 10대다. 교과서에 그렇게 있기 때문이다. 그럼 다른 나이 대는 꿈을 꾸지 말라는 건지 알 수 없는 문제다. 많은 사람들이 살고 싶어하는 집? 취향에 따라 살고 싶은 집은 얼마든지 다를 수 있을 텐데 정답이 딱 하나라니 기가 막힐 노릇이다. 이렇게 맥락 없는 지식은 머릿속에 들어가도 바로 휘발된다. 학령인구가 줄고 초·중등학교의 학생당 교육 투자비는 계속 늘고 있다는데 교육 내용은 전혀 바뀌지 않았다. 변화된 현실에 맞게 교과목 내용을 하나라도 바꾸려고 하면 이해관계가 걸린 각종 단체의 성명서가 난무한다. 그래서 한탄만 하다 수십 년이 흘렀다. 대학 교육도 위기를 직면하고 있기는 마찬가지다. 2015년에 큰 반향을 일으킨 교육방송 다큐멘터리의 제목이 「서울대 A+의 조건」이다. 이 프로그램에서 심층 취재를 통해 얻은 결론은 한 가지다. '생각을 하지 말고 농담까지 필기하고 철저히 외워라.'

교육 공급자들이 제 몫을 지키려고 관행에 머물러 있는 사이 주변 환경은 급속하게 바뀌고 있다. 세계경제포럼은 지금 7세인 아동이 성인이 되면 65퍼센트는 현재 존재하지 않는 직업을 가질 것이라고 예측했다.[21] 게다가 한국의 문제는 더 심각하다. 창의적 인재는 말할 것도 없고, 현재 직장에 나가 있는 2700만 노동자의 역량이 빠른 속도로 무의미해지고 있다.

한국은 청소년의 학업 능력을 비교하는 국제학업성취도평가에서는 수학이든 과학이든 늘 상위권을 차지하지만, 국제성인역량조사에서는 나이가 들수록 역량이 급속히 떨어져 OECD 평균에 한참 못 미치는 것으로 나타난다. 한마디로 우리나라 사람들이 제도권에서

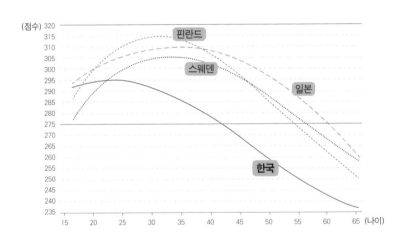

자료: OECD 국제성인역량조사(PIAAC)

문해력과 나이의 상관관계[22]

받은 교육의 내용은 감가상각률이 높다. 왜일까? 많은 전문가들이 추격 기간에 자리 잡은 암기 중심 주입식 교육의 폐해를 꼽는 데 주저하지 않는다.

국제적으로는 이미 기존 대학 교육 모델의 대안이 속속 등장하고 있다. 칸아카데미, 미네르바스쿨, 에덱스 등이 주목을 끈 지 오래다. 구글은 2020년에 구글이 제공하는 교육과정을 이수하면 작은 학위에 해당하는 증명서를 발급하기로 했는데, 이것이 여러 기업의 채용에 참고 자료로 활용되기 시작했다. 대학이 변하지 않는 동안 학생들은 이미 교수, 교과서, 칠판을 넘어 유튜브와 피어투피어(peer-to-peer) 학습같이 다양한 경로를 통해 스스로 학습하고 있다.

프랑스 교육기관 에콜42의 모델을 도입해 소프트웨어 프로그래밍을 교육하는 '이노베이션 아카데미' 서울캠퍼스에 가 본 적이 있다. 2019년 12월에 문을 연 이곳에서 학위도 없고 전통적인 진도 맞추기 강의를 하는 교수도 없이 1기 수강생 250명을 뽑을 때 지원자가 1만 1100명, 경쟁률이 44 대 1이었다. 대학을 졸업한 사람들뿐만 아니라 직장을 그만두고 재교육을 받겠다고 온 사람들까지 더해져 그야말로 인산인해였다. 그만큼 제도권에서 제공하지 못하는 학습에 대한 수요가 많다는 뜻이다. 내가 방문한 날에는 컴퓨터 모니터가 가득한 방에서 수강생들이 삼삼오오 코딩을 보며 토론하고 있었다. 학생들끼리 토론을 통해 학습하는 방식이다. 머리카락 색깔이 다양하고 옷차림은 혼란스러웠다. 24시간 개방된 곳에서 새벽에도 토론이 벌어진다는 데, 제도권 대학에서는 볼 수 없는 모습이다. 기성세대의 눈으로는 이해할 수 없는 그 카오스가 다음 세대가 뛰어노는 학습의 장이다.

몇 년 전 서울 시내에 있는 한 대안학교에 갔을 때도 신선한 충격을 받았다. 이곳은 1세대 벤처기업가들이 한국 교육의 문제점을 그냥 두고 볼 수 없다는 뜻에서 기부를 통해 만든 학교다. 중·고등학교에 해당하는 시간을 여기서 보내고 대학에 가려면 검정고시를 봐야 하는데도 학생들의 활기가 놀라울 정도였다. 마침 중간고사에 해당하는 프로젝트를 발표하는 날이었다. 학부모를 포함해 나 같은 외부인이 와서 학생들이 몇 달 동안 팀을 이뤄 작업한 프로젝트 결과를 구경했다. 강당 곳곳에 팀별 부스를 차려 놓았고, 사람들은 자유롭게 둘러보았다. 앳된 학생 서너 명이 발표하는 부스에서 걸음을 멈췄는데, 발표자의 카랑카랑한 목소리 때문이었다. 신문 기사를 정성적으로 분석하고 간단한 인공지능을 동원하는 등 몇 가지 방법을 써 가며 결국 하고 싶은 이야기는 한국 신문사들의 정치적 성향을 정량적 지표로 표시할 수 있다는 것이었다. 방법 면에서 멘토들의 도움이 있었지만, 기본적으로는 자가 학습한 결과였다. 사실 발표 내용보다는 발표하는 학생의 눈빛이 지금도 잊히지 않는다. 숙제 검사받듯 수동적으로 말하는 게 아니라 자기주장을 설득해 보겠다고 적극적으로 덤벼들었다. "재미있지 않나요?" 하고 계속 물으며 속사포처럼 할 말을 쏟아 내는 어린 학생을 보면서 '나는 언제 내 연구에 대해 저런 마음가짐이었나?' 하고 돌아보게 되었다.

기존 제도권 교육이 최초의 문제를 낼 수 있는 사람을 키우는 데 알맞지 않다는 사실을 모두 다 안다. 이제는 바뀌어야 한다고 교육계 안에서조차 목소리를 높인 지 20년이 넘었다. 그런데도 기득권과 관행에 묶여 한 발짝도 움직이지 않는 현실이 안타까울 따름이다. 정답지를 들고 위에서 아래로 가르치는 교육이 아니라 답이 없는 질문을 던지면서 스스로 학습하는 평생학습 체제로 하루라도 빨리 가야 한다. 한국 사회 전체가 누구나 100세까지 어디서든 쉽게 배울 수 있는 학습사회로 바뀌지 않으면 기술혁신의 시대에 한국인이 설 자리가 없어질까 걱정이다.

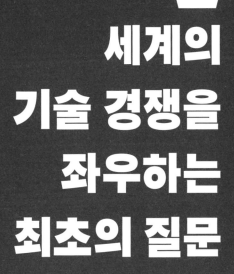

세계의
기술 경쟁을
좌우하는
최초의 질문

고유한 최초의 질문이 없으면 전략 기술이 생길 수 없고,
전략적 자립성이 있을 수 없다.
전략적 자립성을 가진 국가들이
서로 등을 기대고 설 때 상호적 기술 주권이 생긴다.

질문을 검증하는
기술 선진국

시험 인증 역량: "믿고 써도 되나요?"

한 스프링 제조사가 어찌어찌해서 딴 세상 물건같이 기가 막힌 신제품을 만들었다고 해 보자. 혁신적인 재료에 강도와 수명은 기존 것의 열 배인데 무게는 10분의 1, 생산 단가는 절반이다. 자동차 회사에 납품하고 부자가 될 꿈에 부풀었지만, 일이 그렇게 쉽게 돌아가지 않는다. 자동차 회사는 당연히 물을 것이다. "믿고 써도 되나요?" 그러고는 인증기관에 가서 성능 검증을 받고 증명서를 받아 오라고 할 것이다. 세상에 없던 기막힌 장난감을 만들었다고 해도 마찬가지다. 바로 시장에 팔 수는 없다. 부모는 아이들이 만지고 입에 넣어도 안전한지 염려하지 않을 수 없고, 정부는 이런 소비자를 대신해서 업체에 검증 서류를 요구한다.

이제 스프링 제조사와 장난감 제조사가 찾아가야 할 시험 인증 기관의 자리에서 생각해 보자. 제조사가 지금까지 없던 재료와 성능 이라고 주장하는데, 이걸 어떻게 검증할까? 방법부터 정해야 한다. 그리고 그 시험의 통과 기준을 정해야 한다. 시험할 때마다 다른 결과가 나오면 안 되니, 시험을 위한 장치도 표준화해야 한다. 시험 인증기관에 있는 사람들도 처음 보는 질문과 해법인데, 도대체 이걸 다 어떻게 정할 수 있을까?

기술 선진국에는 고도의 역량을 갖춘 시험 인증기관이 많다. 수준 높고 전례 없는 것일수록 기술 선진국의 시험 인증기관에서 받은 인증을 요구한다. 이들은 새로운 질문이 나오고 시제품이 등장할 때마다 그것이 어떤 조건하에서 만족할 만한지 검증하는 역량이 탁월하기 때문이다. 비법은 놀랍지 않다. 새로운 질문과 처음 보는 해법을 많이 접한 덕에 시험 방법을 정하고 시험 결과를 판단하는 프로그램이 잘 짜여 있다. 한마디로, 새로운 것을 검증해 본 경험이 풍부하다. 물론 잘못된 시험 방법 때문에 손해를 물어 주기도 하고, 이런 시행착오도 잘 축적되어 있다. 우리나라의 경우 2020년 상위 7대 인증기관의 매출액이 8430억밖에 안 되지만,[1] 스위스의 인증 회사인 SGS의 2021년 매출액은 64억 스위스프랑으로 우리 돈 8조를 훌쩍 넘는다. 그간의 누적 매출액을 생각하면 격차가 더 커진다. 이 누적 매출액을 축적된 경험으로 본다면, 시험 인증기관의 규모와 역량이 곧 그 나라 기술의 수준이라는 데 이견이 없을 것이다.

새로 개발된 기술을 적용한 선박의 설계도도 바로 쓰진 못한다. 선주가 믿지 못하기 때문에 인증을 요구받는다. 조선 분야의 인증 기관은 선급이라고 하며 고급 기술 인증을 위해 가장 많이 찾는 곳이 영국의 로이드선급이다. 이곳은 1760년 설립 당시부터 갖가지 배를 분류하고 설계의 기준을 정했다. 1834년에는 선박의 분류와 검사에 관한 규정을 출판하면서 이에 따라 선박을 검사한 뒤 인증서를 발급하기 시작했다. 1852년에 처음으로 해외 지사를 두었는데, 1869년 상하이에 검사관을 파견하면서 아시아로 영역을 넓혔다.[2] 한국에는 1960년대에 서비스를 시작했다. 영국은 민수용 조선 산업이 없다시피 한데도 처음 보는 선박의 설계도를 검증하고 인증서를 척척 발부한다. 250년간 쌓인 설계도의 힘이 받쳐 주기 때문이다. 게다가 지금도 매일같이 전 세계에서 첨단 신기술이 적용된 설계도가 검증을 바라며 쏟아져 들어오니 그야말로 살아 있는 축적의 현장이다.

인증을 특정 사안에 대한 적합도 검사라는 수동적 구실로만 해석하면 한쪽 면만 본 것이다. 인증의 진정한 기능은 앞으로 등장할 기술 설계 기준을 미리 정하는 데 있다. FDA가 처음 보는 mRNA 백신을 인증하는 절차를 보면 알 수 있다. 지금까지 mRNA로 만들어진 백신이 없었으나, 만약 만들어진다면 어떤 시험을 어떤 방식으로 진행해서 어떤 결과를 얻어야 할지에 대해 FDA가 미리 제시한다. 제약사들은 이 기준에 맞춰 개발 방향을 정하고 시험한 뒤 결과를 보고한다. FDA는 단계별로 제시된 증거를 토대로 미리 제시한 절차에 맞게 시험했는지, 안전성과 효능이 정한 기준에 적합한지를 엄격하게 확인한다. 제약사의 기술혁신 방향을 FDA의 시험 인증 지침이 선도하는 것이다.

추격국이라면 시험 인증이 그리 중요한 문제가 아니다. 최초의 질문이 아니라 벤치마킹해서 '나도' 생산하겠다는 제품은 시험 인증 기준이 이미 국제적으로 정립되어 있다. 따라서 선진국에서 만들어진 시험 인증 기준 자체를 번역해서 활용하면 된다. 그러나 답이 정해지지 않은 최초의 질문을 풀어 가다 보면 시험 인증이라는 관문이 크게 느껴진다. 선진국이 된 줄 알았는데, 선진국으로서 마땅히 갖춰야 할 부분이 아직 없다는 깨달음이다. 그래서 아직 우리 스스로 기술 선진국이라고 자신 있게 말하지 못하는 것이다. 시험 인증 산업을 어떻게 육성할지는 나중 문제다. 기술 선진국의 수준 높은 시험 인증 역량은 그 사회에서 끊임없이 제기되는 최초의 질문에 대한 답을 확인해 가면서 시행착오를 축적한 역사가 키웠다는 사실을 인식하는 것이 무엇보다 중요하다.

규제는 철폐 대신 업데이트

인증 바로 옆에 규제가 있다. 신기술과 관련된 것은 기술 규제와 영업권 규제다. 영업권 규제는 이해관계를 조정하는 정치적 절차가 중요하기 때문에 기술의 영역 밖에 있는 문제다. 그러나 기술 규제는 신기술에 대한 불안감에서 나온 규제로 첨단 기술 개발의 현장에서 일상적으로 부딪히는 문제다.

어떤 회사가 도심 이면 도로에서도 운전자의 개입이 필요 없는 완전 자율차를 만들었다고 주장할 때 무엇을 얼마나 허용해야 할까? 곧바로 모든 것을 허용하는 나라는 당연히 없다. 대체로 지역 또는 조건을 제한해 운행을 허용한 다음, 시험 운행 결과에 따라 규제를 세밀하게 다듬는다. 최초의 질문에 대한 답으로 첫 버전을 만들고, 시험 결과를 반영해 다음 버전을 만드는 것은 인간이 미래의 상황을 다 알지는 못하기 때문이다.

대개 규제라고 하면 바로 철폐를 떠올리는데, 이는 잘못된 표현이다. 규제는 없을 수 없다. 기술이 인간 사회에 적용되려면 반드시 규제라는 옷을 입어야 한다. 단, 지금까지 보지 못한 기술이라면 제한된 조건으로 적용할 규제를 만든 다음 경험을 쌓으면서 규제를 조금씩 그리고 빠르게 다듬어 가야 한다. 마치 맞춤옷을 만들 때 가봉, 시착, 재봉을 반복하는 것과 같다. 이런 과정을 밟아야 신기술의 부정적인 효과를 최소화하면서 긍정적인 효과는 극대화할 수 있는 맞춤형 규제가 생긴다. 이제 '규제 철폐'라는 잘못된 표현은 '규제 업데이트'로 바꿔야 한다. 흔히 기술 선진국에는 신기술 규제가 없다지만, 착각이다. 기존 규제를 준용하거나 제한된 조건을 주며 일단 허용한 뒤 사례를 쌓아 가면서 규제를 다듬는다. 불문법 체제하에서 판례를 축적하며 법률을 세밀하게 다듬는 과정과 같다. 다시 말하지만, 기술 선진국은 규제가 없는 사회가 아니라 불문법적인 규제 업데이트 체제가 원활하게 작동하는 사회다.

지금도 전 세계적으로 자율 주행 차량이 제한된 환경에서 운행하며 업그레이드를 통해 조금씩 영역을 넓혀 가고 있다. 예상치 못한 사고가 나면 운행을 중단하고 알고리즘, 도로 환경, 운전자 등 다양한 문제의 원인을 철저하게 분석한다. 그 결과에 따라 규제를 수정한 뒤 다시 시험 운행에 나서며 한 걸음씩 미지의 세계로 가는 것이다. 2018년에 우버의 자율차가 보행자 관련 사고를 냈을 때도 1년 넘게 조사한 뒤 열두 가지 이상의 안전 규정을 고치거나 더했다.[3] 이렇게 업데이트된 규정이 알고리즘으로 반영되면서 세상에 없던 완전 자율 주행의 개념설계가 탄생하는 것이다. 기술 선진국에서 이렇게 완성한 개념설계를 추격국은 교과서로 받아들이고 따르게 된다.

이렇게 신기술 규제는 시행착오를 쌓으면서 다듬는 경우가 대부분이다. 비행기가 등장하고 운항을 시작하자 사고가 잇따랐다. 운항 거리 100억 마일당 승객 사망 사고를 기준으로 보면 1930년대에 무려 2100명 가까이 목숨을 잃었다. 1944년, 전 세계 항공 관계자들이 시카고에 모여 공통 규칙에 합의했다. 특히 항공사고의 보고 양식을 통일해 시행착오 경험을 공유하기로 했다. 원인 분석을 통해 항공기의 제작 및 운항에 관한 규제가 상세하게 마련되기 시작했고, 사고가 날 때마다 역설적으로 비행기는 점점 더 안전한 제품이 되었다. 결국

같은 기준으로 2012~2016년 항공사고 사망자 수는 한 명 수준이 되었다.[4]

우리나라에서는 몇 년 전부터 규제샌드박스 정책이 시행 중이다. 공원 한편의 모래터에서 어린이들이 마음껏 흙장난하듯, 새로운 기술이 적용된 제품이나 서비스를 일정한 조건하에 자유롭게 여러 가지를 시도하게 한 뒤 축적한 시행착오 경험을 바탕으로 기존 규제를 고치거나 새로운 규제를 만든다는 뜻이 있다. 이런 정책이 효과를 제대로 내려면 규제 업데이트를 맡은 기관에 민간 부문 못지않게 우수한 역량이 있어야 한다. FDA처럼 개발자들 앞에서 문제를 제시하고 그걸 풀도록 이끌어야 하기 때문이다.

최초의 질문을 쌓아 만드는 매뉴얼

처음 보는 플랜트를 설계하는 법

기술자들이 분투하고 있는 산업 현장에 가서 직접 보고 듣다 보면 늘 가슴이 뛴다. 공학을 전공한 사람으로서 학교에서 가르치는 것도 의의가 크지만 치열한 격전에서 한 발 물러나 있다는 아쉬움을 지울 수 없다. 제법 규모가 큰 엔지니어링 설계 회사를 방문했을 때도 그랬다. 대형 플랜트 설계 과제를 맡은 기술자들의 분주한 발소리가 복도를 울리는 가운데 기술 임원이 토로한 안타까운 현실이 잊히지 않는다. 설계 업무를 자주 발주하는 '갑'이라는 회사에서 플랜트 설계중 특정 핵심 설비는 해외 기업의 개념설계를 적용하라고 요구한다고 했다. 핵심 설비와 관련된 도전적 질문을 자주 접해 봐야 개념설계 역량이 늘 텐데, 발주사가 시행착오를 염려해서 기회를 안 주니 답답하다는 것이다. 안타깝지만 도울 길이 없으니 그저 귀담아들으며 공감했다.

　그런데 얼마 지나지 않아 우연히 만나게 된 바로 그 문제의 '갑' 측 임원이 전혀 다른 이야기를 내놓았다. 핵심 설비의 설계에 도전할 수 있도록 몇 차례 기회를 주었는데도 같은 실수를 반복하니 더는 기회를 주기 어렵다는 것이다. 갑 측에서 원인을 추적해 본 결과는 황당했다. 설계 회사에서 기술자가 교체되는 와중에 그간 겪은 시행착오와 처리 과정이 후임자에게 제대로 전달되지 않았고, 결국 똑같은 문제가 어이없이 반복되는 상황이 확인되었다. 시행착오를 탓하는 것이 아니라, 그 경험을 교훈 삼아 조직적으로 축적하지 않는 회사에 어떻게 핵심 분야까지 맡기겠느냐는 항변을 듣고 보니 전보다 두 배로 공감이 되었다.

　미국기계기술자협회(ASME)에서 해마다 『보일러·압력 용기 표준(B&PV Code)』을 펴낸다. 우리나라도 플랜트 설계를 위한 KS 표준이 있지만, 고급 기술이 필요한 플랜트는 ASME 매뉴얼을 따르게 한다. 이것이 처음 만들어진 과정을 보면 새로운 개념설계를 하는 창의적 역량을 키우는 법에 대해 알 수 있다. 보일러와 압력 용기가 산업 현상에서 널리 쓰이기 시작한 19세기 중반 이후, 기술자들은 새로운 요구에 맞춰 저마다 온갖 새로운 보일러를 설계했다. 최초의 도전적인 질문을 받아 답하려고 한 것이다. 그러다 보니 갖가지 사고도 자주 생겼다. 1895년부터 10년간 미국에서 보일러 사고로 무려 7000여 명이 사망했을 정도다. 1905년에는 매사추세츠의 그로버 신발 공장에서 보일러가 폭발해, 58명이 사망하고 100여 명이 다치는 참사가 일어났다. 보다 못해 기계기술자협회가 나섰다. 전문가들을 불러 모아 그간 제시된 최초의 질문과 시행착오 경험을 하나하나 검증한 다음 설계 표준을 정리했다. 그리고 1915년에 보일러와 압력 용기 설계 지침을 담은 ASME 매뉴얼의 첫 버전이 114쪽짜리 얇은 책 한 권으로 나왔다.[5] 물론 그 뒤로도 끊임없이 문제는 생겼다. 그때마다 이론적 분석과 실험을 병행하며 원인과 해법을 찾아 설계 표준에 한 항목씩 추가한 결과 지금은 28권에 1만 6000쪽으로 방대해졌다. 이 매뉴얼은 오늘이라도 1만 8000달러만 주면 누구나 살 수 있는 공유된 설계 지침의 하나일 뿐이고, 실제 설계에서 사용하는 매뉴얼은 여러 가지다. 설계 회사별로 자신만의 노하우를 정리한 비공개 매뉴얼도 있는데, 회사가 새로운 일을 할 때마다 한 쪽씩 늘어나기 마련이다.

선진국의 설계 회사에서는 새로운 개념설계 작업을 맡으면 이런 매뉴얼부터 충실히 찾는다. 매뉴얼에 있는 것까지는 검증됐으니 바로 활용하고, 매뉴얼에 없는 새로운 상황을 해결하는 데 창의적인 노력을 집중한다. 처음 보는 혁신적 개념의 플랜트도 척척 설계해 내는 비밀이 여기에 있다. 그래서 창의적 설계의 비밀을 '99퍼센트의 매뉴얼에 1퍼센트의 창의'라고 표현하기도 한다. 혁신적 기술이 분명 최초의 질문에 대한 답이지만, 답을 찾는 과정의 시행착오 경험을 체계적으로 축적하고 활용하지 않으면 계통발생을 못 하고 사람이 바뀔 때마다 같은 실수를 하는 개체발생만 반복하게 된다. 매뉴얼이 수준 높고 지속적으로 업데이트되면 자연스럽게 질문의 수준도 높아진다. 이미 지나간 이야기를 새로운 질문으로 착각하고 시간을 낭비하는 일이 없어지기 때문이다. 앞서 기술 임원이 답답한 심정을 털어놓은 설계 회사의 경우를 되짚어 보면, 가치 있는 시행착오를 축적하는 게 아니라 시간과 노력을 허비하고 있었다.

　이렇게 안타까운 이야기가 우리 산업 현장의 곳곳에 있다. 멋진 사옥에 최첨단 사무 환경을 갖춘 디자인 회사를 방문했을 때도 그랬다. 해외 유수의 디자인 회사에서 일하다 갓 영입된 상무급 전문가가 회사에 그동안 작업한 디자인의 데이터베이스가 축적되지 않은 데 좌절하고 있었다. 어떤 디자인을 어떤 이유로 했으며 성과가 어땠는지 기록이 없으면 창의적인 디자인을 위한 새로운 질문을 만들지 못한다는 것이 디자인 업계의 상식인데, 백지상태에서 자꾸 혁신적인 뭔가를 그려 내라고 하니 답답하다고 했다. 창의적 활동이라는 디자인도 알고 보면 지금까지 밟아 온 영역을 확인하고 그 밖으로 한 발 떼어 놓는 진화적 과정의 결과물이다.

　생물의 진화에서 유전자는 부모 세대에서 자손 세대로 전해진다. 이를 수직적 유전자 이동이라고 한다. 그런데 바이러스같이 구조가 단순한 생물은 살아 있는 동료 개체에게 유전자를 넘겨주는 경우가 있으며 이를 수평적 유전자 이동라고 한다. 기술의 진화에서도 이 두 가지 원리가 모두 적용된다. 선배 기술자가 아는 지식을 후배에게 전하는 수직적 지식 전수가 있고, 동료 사이에 지식을 공유하는 수평적 지식 전파도 있다. 그리고 이런 지식의 전수, 확산 과정에 핵심적인 구실을 하는 것이 매뉴얼이다. 특히 새로운 질문과 이에 대한 새로운 해법을 축적해 가는 살아 있는 매뉴얼이 중요하다. 이것은 인간이 집단 지성으로 미지의 화이트 스페이스를 탐험하면서 지도를 만들어 가는 과정과 같다. 선진국에서 오랫동안 시행착오를 겪으면서 만든 매뉴얼을 수입하고 번역해서 적용하기에 급급한 추격국은 전체 지도를 만드는 데 힘을 보태지 않았으니, 탐험이 끝난 뒤에 차지하는 땅이 없을지도 모른다.

최초의 질문이 있는 탐험가에게 지도를 파는 사람

1960년대 반도체 칩에는 트랜지스터 수천 개가 들어 있었다. 요즘 만들어지는 손톱만 한 메모리 칩 하나에 들어가는 트랜지스터는 10억 개가 넘는다. 이것들이 그냥 얹혀 있는 게 아니라 복잡한 회로로 연결되는데, 집적의 한계를 극복하려고 3차원으로 쌓기까지 하며 무려 200단에 이를 전망이다. 이렇게 복잡한 제품의 설계도는 어떻게 만들까? 반도체의 개념이 처음 등장한 20세기 중반에는 트랜지스터 같은 소자의 수가 많지 않아 도면에 손으로 회로를 그렸다. 그러나 칩에 들어가는 소자가 급증하면서 인간의 눈과 손으로는 감당할 수 없게 되었다.

반도체 회사들은 설계 노하우를 담아 매뉴얼을 만들고 소프트웨어 알고리즘으로 전환해서 컴퓨터로 설계하기 시작했다. 1980년대부터는 칩과 회로기판 설계를 위해 만들어진 소프트웨어 회사의 패키지 제품을 썼다. 바로 반도체 전자설계자동화(EDA) 패키지다. 이제 어떤 반도체 회사도 EDA를 사지 않고는 칩을 설계하지 못한다.

현재 미국의 케이던스와 시놉시스, 독일의 지멘스가 세계시장의 70퍼센트 가까이 장악하고 있는 EDA 분야 또한 전형적인 기술 선진국의 독무대다. 새롭게 등장하는 첨단 반도체의 이면에는 이 회사들의 설계 소프트웨어 패키지가 있다.[6] 전인미답의 밀림을 헤치고 금광으로 향하는 탐험가에게 꼭 필요한 지도를 파는 것이라고 봐도 크게 틀리지 않는다. 반도체 굴기를 내세우는 중국의 꿈을 꺾을 미국의 숨은 무기가 바로 EDA 규제다. 최근 미국 정부가 EDA를 포함한 미국 소프트웨어 기술을 화웨이에 팔지 못하도록 수출 관리 규정을 강화하면서 케이던스의 중국 매출액이 급감했다. 앞으로도 이렇게 강한 규제가 이어지면 중국의 반도체 기술 수준이 더는 진화하지 못한다.

이런 설계 패키지가 반도체 분야에만 존재하지는 않는다. 자동차 같은 기계 장치를 설계할 때는 미국의 오토데스크, 프랑스의 다쏘, 독일의 지멘스가 만든 설계 소프트웨어 패키지를 쓸 수밖에 없다. 설계 패키지가 처음에는 무척 단순했다. 하지만 시간이 지나면서 수요자인 첨단 기업들이 최초의 질문을 던지기 시작했고, 그 요구를 받아 설계 패키지의 버전을 올리는 스케일업 과정을 반복했다. 이제 그 축적의 장벽이 너무 높아져서 새롭게 이 분야에 뛰어드는 것이 사실상 불가능해졌다.

기술 선진국들은 이렇게 일반인의 눈에 띄지 않는 데서 새로운 질문을 던지고 그 결과를 축적하면서 기술 진화의 속도와 방향을 조율하고 있다. 기술 선진국과 추격국의 차이가 잘 드러나는 분야는 곳곳에 숨어 있다.

대체할 수 없는 기술이
전략 기술

지금은 기술 주권 시대

최근 미·중 패권 경쟁을 논하는 자리에 함께할 기회가 몇 번 있었다. 대체로 미국과 중국이라는 고래들의 싸움에서 어떤 파편이 어떻게 튈지 예민하게 살피고 한국의 대응 전략을 고민하는 것이 주요 내용이었다. 참여한 전문가들의 분야가 다양했지만, 기술 발전에 관한 이야기를 빼놓고 의미 있는 논의가 되기는 어렵다는 데 모두 동의했다. 고맙지만 나로서는 거북한 점이 있다. 새로운 기술 패러다임의 등장과 세계 경제 질서의 재편을 기회로 보고 능동적인 관점에서 한국의 미래 전략을 논의할 수도 있을 텐데, 왜 항상 수동적인 '대응' 전략으로 결론이 모일까?

지난 몇 년간 국제적으로 기술 패권만큼 주목받은 말이 '기술 주권'이다. 기술 주권은, 국가 경제와 국민 복지를 위해 꼭 필요한 기술을 주권적 의지에 따라 스스로 조달할 수 있는 국가의 능력을 가리키며 핵심 전략 기술과 이를 뒷받침하는 제조 역량이 있어야 확보할 수 있다. 남들이 갖지 못한 전략 기술이 있어야 기술 선진국과 어깨를 나란히 하고 동반자로 대접받으면서 미래 산업의 세계적 개념설계를 만드는 데 참여할 수 있다. 지금 한국의 반도체와 배터리 산업에 전 세계가 협력하자고 손을 내미는 것은 이 분야에서 그들이 갖지 못한 전략 기술과 제조 역량이 우리에게 있기 때문이다. 백신이라는 전략 기술이 없어서 불안하던 지난날을 떠올려 보면 전략 기술과 기술 주권의 힘을 쉽게 이해할 수 있다. 당연히 기술 주권은 최근 여러 나라에서 심각하게 논의하는 '경제 안보'의 필수 조건이다. 전략 기술이 있어야 기술 주권을 가질 수 있고 기술 주권이 있어야 경제 안보가 보장된다.

지금 미·중이 기술 패권을 놓고 맞선 와중에 다른 기술 선진국도 기술 주권을 확보하기 위해 힘겨루기를 벌이고 있다. 지난 몇 년간 전개되고 있는 각국의 움직임을 살피다 보면 숨이 막힐 지경이다. 특히 미국의 행보가 단연 주목을 끈다. 오바마 행정부와 트럼프 행정부에서 예열한 정책에 바이든 행정부가 본격적으로 가속 페달을 밟고 있다. 2021년 6월에 공개된 「세계 공급망 보고서」는 대중국 기술 주권 보고서로 불리고, 의회에서도 행정부의 전략을 뒷받침하기 위해 '혁신·경쟁법'을 초당적으로 통과시켰다. 또한 바이오, 디지털, 대체에너지 등 핵심 분야의 전략 기술 목록을 계속 업데이트하면서 기술 개발과 인력 양성에 집중 투자하고 있다. 세계 공급망에서 미국의 제조 역량이 취약하다는 단점을 메우기 위해 인텔 같은 자국의 제조사를 지원하는 한편 동맹국의 첨단 제조 공장 유치에도 적극적으로 나서고 있다. 바이든 대통령이 외국 반도체 기업 대표를 연일 백악관으로 불러 정보 공유와 공장 신설을 독촉하는 것도 모두 패권 국가로서 기술 주권을 확보하려는 전략의 일환이다.

　일본도 몇 년 전부터 기술 주권과 경제 안보를 국가정책의 최우선 순위로 끌어올리기 위해 준비했다. 그리고 2021년 10월 8일, 기시다 총리의 소신 표명 연설에서 새 내각의 4대 중점 정책 중 하나로 경제 안보가 제시되었다. 이 문제를 전담할 장관급 경제안보상을 새로 두고 경제 안보 법안을 제출하는 한편 경제 안보의 핵심인 전략 기술 개발을 위해 전통적으로 강한 바이오, 소재, 로봇 기술뿐만 아니라 양자컴퓨팅, 해양 기술 같은 미래 전략 기술 목록을 발표하고 육성에 나섰다. 기업의 전략 기술 개발에 1000억 엔(약 1조 200억 원)을 지원하고, 대학의 전략 기술 기초연구와 인력 양성을 위해 10조 엔(약 102조 원) 규모의 펀드를 조성하기 시작했다. 전략 기술 제조 역량을 제고하려는 노력도 성과를 내기 시작해, 2021년 10월에 세계 1위 반도체 파운드리 업체인 TSMC의 생산 시설 유치를 발표했다. 여기에 필요한 투자액 1조 엔 중 절반 정도는 일본 정부가 세금으로 지원할 계획이다.

　기술 선진국이 많은 유럽도 기술 주권을 공고히 하기 위해 팔을 걷어붙였다. 2021년 10월 15일, EU의 대통령 격인 집행위원장이 유

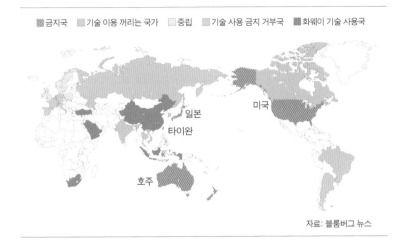

일본

타이완

미국

호주

자료: 블룸버그 뉴스

화웨이 5G 기술 사용국과 금지국

럽의회를 상대로 한 국정 연설에서 반도체 현안이 유럽의 기술 주권 문제라고 명시적으로 선언하고 반도체 생산 생태계의 재구축에 나섰다. 디지털 주권을 강화하기 위해 회원국의 힘을 모아 유럽발 디지털 플랫폼을 형성하는 데 속도를 내고 있다. 유럽의 강점인 신재생에너지 분야의 전략 기술 개발에는 유럽투자은행(EIB)까지 동원하면서 지원에 나섰다.[7]

중국은 두말할 나위 없다. 중국의 기술 혁신 전략은 단계 생략이 핵심이다. 유선전화기를 건너뛰고 휴대전화로, 신용카드를 건너뛰고 모바일 결제로, 화력발전을 넘어 신재생으로 가는 식이다. 이런 전략으로 차세대 기술에 집중 투자한 결과, 6G나 양자컴퓨팅 등 일부 첨단 분야에서는 이미 미국이 기술 패권을 걱정할 수준까지 올라갔다. 아직 초기인 6G 관련 기술의 특허 가운데 중국 특허가 이미 40퍼센트를 넘었다는 조사 결과가 있을 정도다.[8] 놀라운 것은 그간의 기술 국산화 전략을 넘어 이제 자국의 핵심 기술을 보호하겠다고 나선 태세 전환이다. 2020년 12월에 수출 통제법을 시행하면서 암호 기술, 우주 기술 등의 수출을 통제하기 시작했으며 특허권도 강화했다. 육상과 해상에 새로운 실크로드를 구축하는 전략인 일대일로(一帶一路)라는 큰 그림과 연계해 중국 기술로 세계 기술 패권 지도를 새로 만들겠다는 의지를 공개적으로 드러내고 있다.

기술 패권과 기술 주권 경쟁의 숨 가쁜 전개는 기술 선진국들이 저마다 내놓은 최초의 질문이 충돌하는 과정이라고도 볼 수 있다. 이 과정에 판에서 사라지는 국가와 새로 등장하는 국가 들이 혼재한다.

가치사슬의 혼란을 기회로

오늘날 반도체건 자동차건 원료에서 완제품에 이르는 모든 과정을 국내에서 완결적으로 수행할 수 있는 나라는 없다. 반도체만 해도 원료부터 따지면 무려 1000단계를 거치고 국경을 70번 넘어야 한다.[9] 자동차나 비행기는 말할 것도 없다. 이제 '메이드 인 더 월드(Made in the World)'가 아닌 제품이 없다.

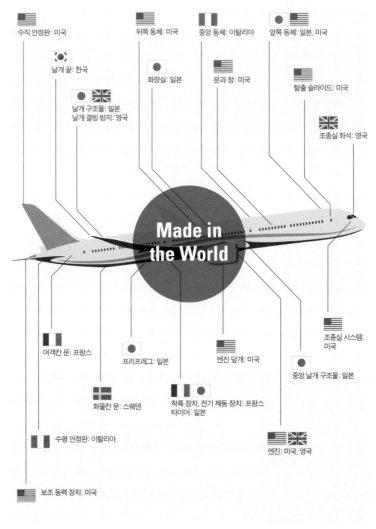

수직 안정판: 미국

날개 끝: 한국

날개 구조물: 일본
날개 결빙 방지: 영국

뒤쪽 동체: 미국

화장실: 일본

중앙 동체: 이탈리아

문과 창: 미국

앞쪽 동체: 일본, 미국

탈출 슬라이드: 미국

조종실 좌석: 영국

Made in
the World

여객칸 문: 프랑스

프리프레그: 일본

엔진 덮개: 미국

조종실 시스템:
미국

중앙 날개 구조물: 일본

화물칸 문: 스웨덴

착륙 장치, 전기 제동 장치: 프랑스
타이어: 일본

수평 안정판: 이탈리아

엔진: 미국, 영국

보조 동력 장치: 미국

자료: 사우스센터 분석 보고(2013.7.)

메이드 인 더 월드

이 거대한 분업의 연결망을 글로벌 가치사슬(GVC, Global Value Chain)이라고 한다. 수평적으로 길게 연결된 사슬이 아니라 수직·수평으로 펼쳐진 거대한 판에서 수없이 많은 기업이 퍼즐 조각을 가져다 놓는다고 보면 된다. 이 퍼즐에는 핵심적인 조각이 있고, 주변부 조각이 있다. 기술 선진국의 기업들이 대체 불가능한 핵심적 기능을 첫 번째 조각으로 놓으면, 추격국 기업들이 그 모양에 맞춰 다음 조각을 놓는다. 그리고 저개발국 기업들은 퍼즐의 가장자리에서 언제든 대체할 수 있는 표준적인 조각을 채워 넣는다.

첨단 반도체의 가치사슬에서는 반도체 노광 장비를 만드는 네덜란드의 ASML 같은 기업이 핵심적인 조각에 속한다. 노광 장비란 실리콘 웨이퍼에 반도체 회로의 패턴을 새겨 넣는 장치로, 최근에는 회로의 선폭이 3나노미터에 이를 만큼 정밀한 공정에 쓰인다. 이런 첨단 노광 장비를 만드는 회사는 세계에 ASML뿐이다. 그래서 이 회사가 장비를 공급하지 않으면 아무도 첨단 반도체를 만들지 못한다. 2021년에 ASML이 극자외선 노광 장비 마흔두 대를 우리나라를 포함해 전 세계 반도체 회사들에 팔았는데, 이 회사들은 노광 장비 구매를 위해 이리 뛰고 저리 뛸 수밖에 없었다. 조금 과장하면 ASML이 제품의 성능을 올리는 정도만큼 반도체 산업이 발전한다. 기술 선진국은 이렇게 게임의 룰을 결정하는 핵심 퍼즐 조각을 많이 가진 나라다.

혁신적 기업이 최초의 질문을 던지고 새로운 핵심 기술을 만들어 내면, 그것을 중심으로 글로벌 가치사슬이 급속히 재편된다. 타이완의 모리스 창이 1987년 '반도체를 전문적으로 위탁 생산하는 방식으로 사업할 수 있지 않을까'라는 최초의 질문을 던지고 파운드리 사업의 개념을 본격적으로 펼쳐 나가자 반도체 산업의 가치사슬에 참여하는 기업과 국가의 포트폴리오가 급격히 바뀌었다. 반도체 기업의 순위가 바뀌고, 반도체 설계만 하는 새로운 산업인 팹리스가 급부상했다. 파운드리 분야의 TSMC와 팹리스 분야의 최강자인 영국 기업 ARM은 퍼즐의 핵심 조각이 되었다. 10여 년 전만 해도 웬만한 사람들이 이름도 모르던 회사들이다.

가치사슬의 변동은 위기이자 기회가 된다. 애플이 2007년에 첫 아이폰으로 업계의 룰을 다시 쓰고 글로벌 가치사슬을 재편해 갈 때 삼성은 아이폰의 두뇌에 해당하는 애플리케이션 프로세서를 공급하면서 로직 설계와 파운드리 사업의 기반을 강화할 기회를 얻었다. 삼성이 애플리케이션 프로세서 설계의 리더였던 ARM의 라이선스를 가장 많이 활용해서 설계하고 직접 만들어 본 경험이 있었기 때문이다. 쉽게 말해, 최초의 질문이 등장해 글로벌 가치사슬이 흔들릴 때 핵심 기술이 있으면 기회가 찾아오고, 핵심 기술이 없으면 사라질 수밖에 없다는 뜻이다.[10]

지금 세계는 가치사슬의 대혼란을 겪고 있다. 코로나 팬데믹 같은 단기적 원인뿐만 아니라 장기적으로 디지털과 그린이라는 거대한 패러다임 전환이 진행되기 때문이다. 새판에서 핵심으로 자리 잡기 위해 도전적인 최초의 질문들이 쏟아지면서 새로운 퍼즐 맞추기로 숨이 가쁘다. 이 전쟁 같은 새판 짜기에서 살아남는 유일한 길은 우리도 산업과 기술의 각 부문에서 크고 작은 최초의 질문을 던지고 해법을 찾아 대체 불가능한 퍼즐 조각을 많이 갖는 것이다.

전략적 자립성을 지키라

기술 패권과 기술 주권 경쟁 그리고 글로벌 가치사슬의 변동 속에서 한국은 어느 편에 서야 할까? 최근 자주 떠오르는 이 질문은 한국이 세계적 혁신의 생태계에서 독립적이기보다는 종속적인 퍼즐 조각이라는 전제가 있다. 그러니 어느 편의 하도급을 할 거냐고 묻는 셈이다. 이런 것을 묻기 전에 우리 안에 대체 불가능한 전략적 기술 또는 미래의 전략 기술이 될 싹이 얼마나 있는지부터 물어야 한다.

기술 주권 논의에서 빠지기 쉬운 함정 중 하나가 자급자족경제에 대한 유혹이다. 바이오, 환경, 디지털 등 첨단 분야일수록 한 나라에서 모든 기술을 개발할 수는 없고 모든 것을 생산할 수도 없다. 기술 주권은 개방과 협력이라는 원칙하에 서로 등을 기대고 서서 어느 한쪽이라도 등을 떼면 다 주저앉을 수밖에 없는 핵심 기술들의 짜맞춤 속에 성립한다. 이런 의미에서 상호적 기술 주권이라는 표현이 적절하다.

밴드를 구성한다고 해 보자. 누구를 초대하고 싶을까? 먼저, 내가 아는 기타 연주자 중 가장 실력 있는 사람을 초대한다. 그럼 드럼도,

가장 잘 치는 사람이 필요할 것이다. 두 번째로 잘 치는 사람을 초대하지는 않는다. 글로벌 가치사슬의 재편 과정도 마찬가지다. 새로운 최초의 질문으로부터 혁신적 기술 패러다임이 등장하면 가치사슬의 새 판이 짜일 텐데, 여기에는 대체할 수 없는 전략 기술을 가진 국가나 기업만이 초대받는다. 선진국이 만드는 것을 나도 만들 수 있다는 주장으로는 초대받지 못한다.

2021년 5월, 한미 양국이 차세대 이동통신 기술인 오픈랜(개방형 무선 접속망) 시스템을 공동 개발하고 표준화에 협력하기로 했다.[11] 미국이 한국의 적극적인 기여를 요청한 것이다. 오픈랜은 지금까지 화웨이처럼 네트워크 장비를 공급하는 특정 업체가 이동통신망 시스템과 생태계 전체를 좌지우지하는 상황에서 벗어나기 위해 제안된 개념이다. 쉽게 말하면, 통신시스템의 각 부분에 여러 기업의 장치를 필요에 따라 레고 블록처럼 가져다 쓸 수 있도록 국제적으로 합의된 체제를 만들자는 것이다. 이 개념이 성숙해지면, 지금까지 소수의 네트워크 장비 업체들이 장악해 단순하던 생태계가 수많은 블록의 다양한 조립을 통해 풍성한 생태계로 바뀔 것이다.

새로운 최초의 질문이 제기되었고, 해법을 찾기 위한 국제적인 노력이 시작되었다. 이 새판 짜기에 한국의 적극적 참여를 바라는 요청이 쏟아지고 있다. 이런 상황을 두고 전략적 자립성이 있다고 말한다. 오픈랜이라는 세계적 차원의 도전에 대한 해법을 구하는 데 한국이 초대받는 이유를 이해하기는 어렵지 않다. 1970년대 말부터 통신 분야에서 개발도상국 최초로 전전자교환기 개발에 뛰어들고, CDMA 이동통신 기술의 최초 상용화에 도전하고, 휴대전화 단말기를 만들어 보자고 나설 만큼 집요한 질문의 연속이 만들어 낸 전략 기술이 있기 때문이다. 많은 개발도상국들이 한 것처럼 선진국의 통신시스템을 도입해서 써도 문제는 없었겠지만, 통신 기술이 전략 기술이라는 암묵적 합의가 기나긴 스케일업 과정을 버티게 했으며 지금 통신 기술의 패러다임 전환 중에 한국의 전략적 자립성을 뒷받침하고 있다.

고유한 최초의 질문이 없으면 전략 기술이 생길 수 없고, 전략적 자립성이 있을 수 없다. 전략적 자립성을 가진 국가들이 서로 등을 기대고 설 때 상호적 기술 주권이 생긴다. 이때 비로소 이인삼각처럼 서로 의지하지 않을 수 없는 관계가 형성되고, 그 안에서 경제 안보도 가능해진다. 이인삼각에서 한 사람이 넘어지면 다른 사람도 같이 넘어지고, 퍼즐 판에서 대체할 수 없는 조각이 사라지면 가치 없는 그림이 된다는 것을 모두 알기 때문이다.

국제표준을 장악하라

국제표준의 힘

2020년 세계가전전시회 기간 중 사물인터넷의 표준에 관한 행사에 참석할 기회가 있었다. 사람들이 빼곡히 들어찬 행사장에서 가전제품을 중심으로 사물인터넷의 표준 기술이 시연되었다. A사의 TV 화면에서 리모컨을 통해 B사의 에어컨을 작동시키는 등 새로운 기술적 가능성을 본 참석자들이 고개를 끄덕였다. 이런 기술이 실제 표준으로 자리 잡을지는 두고 볼 일이지만, 한국의 가전사가 세계 곳곳의 회사 수백 곳으로 구성된 연합 팀을 이끌면서 국제적인 표준 정립 과정을 몇 년 동안 주도해 왔다는 점이 인상 깊었다.

우리의 기술 환경은 인류가 지금까지 만들어 온 크고 작은 표준이 켜켜이 쌓인 결과다. 휴대전화 하나를 뜯어봐도 통신 관련 표준뿐만 아니라 배터리, 디스플레이, 메모리 칩같이 중요한 부품에서 쌀알보다 작은 볼트, 너트에 이르기까지 크기와 성능과 작동 원리를 규정하는 각종 표준이 빼곡하다. 문명의 역사만큼 긴 표준의 역사에서 특히 근대 산업화를 여는 데 결정적으로 기여한 것이 눈에 띈다. 현대 산업의 출발을 알린 포드 자동차의 대량생산 시스템도 부품이 표준화되지 않았다면 실현될 수 없었다. 표준화는 생산의 효율성뿐 아니라 혁신의 속도도 결정적으로 높여 주었다. 표준화된 것까지는 다시 고민할 필요 없이 그대로 사용하고, 새로운 것에만 노력을 집중하면 되기 때문이다. 첨단 로봇을 개발하면서 나사못의 각도를 어떻게 해야 할지 신경 쓰는 것만큼 어리석은 일이 없다.

혁신적 기술을 정의하는 새로운 표준을 한 사람이 단번에 정하지는 못한다. 누군가 최초의 질문과 그 해법의 실마리를 제안하면, 모두가 인정하는 방식으로 같이 검증한다. 검증한 결과 애초의 제안이 적절하지 않은 것으로 판명되면 또 누군가 수정해 제안하고, 이런 검증과 합의·공유의 과정을 오랫동안 거치면서 집단지성으로 조금씩 만들어 가는 것이다. 최초의 질문을 던지고 도전적인 시행착오를 축적하며 새로운 개념설계를 만들어 가는 기술혁신의 원리와 똑같다. 이 사회적 과정으로서 특성 때문에 자국의 개념을 관철하는 국가의 역량이 결정적으로 중요하고, 그래서 국가 간 표준 경쟁 또한 총성 없는 전쟁이라고까지 말한다. 표준은 기술, 제품, 서비스의 합의된 규격으로서 개념설계의 압축판이자 게임의 룰과 같다. 기술 선도국과 추격국의 차이가 표준에서 결정적으로 드러난다. 기술 선도국은 최초의 질문을 수시로 제시하고 오랜 시간 축적된 경험에 기초해 해법으로서 새로운 표준을 정립해 나가는 반면, 추격국은 그 표준을 받아들여 성실히 실행한다.

표준을 주도하는 기업과 국가 들은 그들만의 리그에서 한 차원 높은 게임을 한다. 신기술을 개발했다면, 시장을 지배하면서 시장의 사실 표준을 강제할지 또는 국제적인 협의체를 통해 공식 표준부터 만들지를 두고 전략적으로 선택한다. 누구와 손을 잡을지, 가치사슬에서 누가 어떤 구실을 하게 될지까지 고려해 표준화의 범위와 속도도 결정한다. 표준을 만들기 위해 꼭 필요한 특허를 '표준특허'라고 하는데, 표준이 널리 받아들여지고 나면 기술 선도국이 표준특허를 기반으로 로열티까지 거둬들인다. 퀄컴의 주요 수익이 바로 이 표준특허에서 오는 로열티다. 구글이 2012년에 모토로라를 인수했다가 2014년에 중국 레노버에 매각했다. 인수 당시 금액은 125억 달러인데, 2년 뒤 매각 금액은 29억 달러밖에 안 됐다. 모토로라의 표준특허는 제외하고 팔았기 때문이다. 모토로라가 가진 표준특허의 가치가 무려 100억 달러에 가까웠다는 이야기다.[12]

추격국들은 표준이 정해지고 나면 표준이 허용한 범위 안에서 싸고 더 튼튼한 제품을 만드는 것으로 가치사슬에 참여한다. 그러다 시장이 포화되고 추격국들이 너무 많은 수익을 가져가는 단계가 되면, 기술 선도국들이 새로운 표준을 제시하면서 게임의 규칙을 바꾼다. 안타깝지만, 추격국은 바뀐 규칙을 열심히 익히고 따라가는 과정을 반복해야 하고, 따라가지 못하면 소리 없이 대체된다. 그래서 표준 선도 여부를 기준으로 기술 선도국과 추격국이 정확히 갈라진다.

중국의 기술 수준을 평가하는 다양한 시각이 있지만, 국제표준을 기준 삼아 보면 새로운 단계로 진화하는 것이 분명하다. 표준은 속성상 기술 공개가 따르기 때문에 국제적인 기술 발전의 추세를 계속 앞장서서 끌고 갈 자신이 없으면 선도하겠다고 나서기가 어렵다. 그런데 과거에는 선진국의 기술을 도입하거나 모방하는 데 그치던 중국이 어느새 자국 기술을 내놓고 리더십을 발휘하겠다고 태세를 전환했다. 5G 이동통신 기술의 표준을 두고 보인 태도가 바로 이런 경우다. 거대한 시장의 이점을 활용해 다양한 질문을 제기하고 짧은 시간에 많은 실증 실험을 한 뒤 그 결과를 국제적으로 공유하면서 중국 기술을 표준특허로 만들려고 나선 것이다. 5G 표준에서 중국의 영향력이 커진다는 것은 자율차, 스마트 팩토리, 스마트 시티 등 미래 세계를 규정하는 첨단 분야의 가치사슬을 지배할 가능성이 커진다는 뜻이다. 미국이 5G 기술을 중심으로 중국을 봉쇄하려는 데는 미래 기술 패러다임의 주도권을 뺏길지도 모른다는 위기의식이 있다.

중국몽(中國夢)의 다른 표현이 바로 세계적 표준을 선도하는 것이다. 일대일로와 연계한 세계 전략의 일환이기도 하다. 스마트 시티 기술의 경우 이미 전 세계 100여 개 이상의 도시와 손잡고 교통, 행정, 미디어 서비스 등 각 분야에서 '차이나 스탠다드'가 스며들게 하고 있다. 중국 정부는 항공기, 의약, 인공지능, 양자(量子) 통신, 클라우드 등 미래 첨단 분야의 질서를 주도하겠다는 의지를 담아 '중국 표준 2035' 계획도 준비하고 있다.[13] 표준을 수용하면서 더 싸게 잘 만드는 단계를 넘어 도전적인 최초의 질문을 제기할 수 있는 중국으로 탈바꿈하려는 의도가 분명하다.

국제표준을 관장하는 3대 기구로 국제전기통신연합(ITU), 국제전기기술위원회(IEC), 국제표준화기구(ISO)가 있다. 이 중 5G 이동통신의 공식 표준을 주도하는 ITU의 사무총장이 중국인 자오허우린이다. 1986년에 초급 엔지니어로 ITU에 몸담은 그가 중국 정부의 전폭적인 지원을 받으며 2014년에 사무총장 자리에 올랐다. 자오허우린을 파견하던 해 중국의 1인당 GDP가 300달러 미만이었다는 것을 고려하면 장기적 시각과 전략을 다시 주목하지 않을 수 없다. 중국 국가전력망공사 회장이었고 현재 최대 국영 전력회사의 회장인 슈인비아오는 2020년부터 IEC 총재를 맡고 있다. 산업 전반의 표준을 포괄하는 ISO 의장은 임기가 3년인데, 중국 국영 철강회사와 중국강철공업협회의 회장을 역임한 장샤오강이 2015년에 의장으로 선출되었다. ISO는 2008년에 정관을 개정하며 미국, 영국, 독일, 프랑스, 일본에 이어 중국을 상임이사국으로 지정하기도 했다. 최초의 질문을 국제표준으로 옮기는 길목을 중국이 포위하고 있는 양상이다.

기술 선진국이 되려고 할 때 보이는 표준 전략

한국의 산업은 해외 표준을 번역해서 도입하는 것으로 발전하기 시작했다. 1990년대를 지나면서 조금씩 도전에 나섰고, CDMA 기술의 최초 상용화에 성공하면서 국제적 표준 설정 과정에 참여하기 시작했다. 당연히 실패가 있었다. 2000년대 중반 무선 광대역 이동통신의 국제표준으로 와이브로 기술을 제안했는데, 생태계 조성이 지연되는 가운데 4G 기술이 급작스럽게 등장하면서 역사 속으로 묻혔다. 이런 시행착오를 겪으면서 국제표준 무대에서 활동의 폭을 넓혀 이제 이동통신, 디스플레이, 반도체 등 많은 분야에서 중요한 구실을 하고 있다.

5G의 경우 미국과 유럽 특허를 기준으로 2021년 현재 한국 기업들이 핵심적인 표준특허의 25.4퍼센트를 차지하고 있다. 중국을 대표하는 기업 8개사의 합계나 미국 상위 5개사의 합계가 각각 19퍼센트를 조금 넘는다는 점에서 지금까지는 한국이 5G 표준을 선도하고 있다고 할 만하다. 지난날 와이브로 표준화를 실패한 경험이 중요한 자산이 되었다는 것은 말할 필요도 없다. 현재 세계 3대 표준 기구에서 인정하는 표준특허 숫자를 기준으로 보면, 한국이 어느덧 세계 5위다. 2021년 3월에는 6G 기술의 최초 밑그림을 그리는 비전 워킹 그룹 위원장으로 한국 기업의 전문가가 선출되기도 했다.

그러나 벌써 만족할 게 아니라 이제부터 신발 끈을 조여야 한다.

표준 선도국의 가장 중요한 조건은 대체 불가능한 표준특허, 즉 핵심 기술을 많이 갖는 것이다. 새로운 개념설계를 지향하는 도전적 연구를 더 진작해야 하는 이유다. 핵심 기술 분야를 중심으로 기업, 대학, 연구소 등 관계자들의 역량을 모아 국가적 표준 전략의 모범을 만들어 내는 선도 프로젝트가 필요하다. 첨단 측정 장비나 인증 관련 설비를 만드는 역량과 인력을 시급하게 키우는 한편 기업이 새로운 기술을 빨리 시험해 볼 수 있도록 대학과 연구소의 장비와 인력을 산업 공동의 혁신 인프라로 활용할 수도 있다. 무엇보다 '테스트베드 코리아'를 목표로 우리 산업 곳곳에서 많은 실험이 일어날 수 있도록 국가적으로 지원해야 하는데, 그러려면 신기술과 관련된 각종 규제의 혁신이 필요하다. 외교정책도 빼놓을 수 없다. 승패에 집착하는 사고방식으로는 국제표준을 선도할 수 없다. 인류 공동의 발전을 지향하면서 동반자를 만들어 가는, 한 차원 높은 국제적 리더십이 필요하다.

가이아-X 프로젝트로 보는
유럽의 질문

클라우드에 담긴 정보가 불안하다

몇 년 전 이메일과 거기 첨부된 사진이나 보고서까지 키워드 검색으로 쉽게 찾아볼 수 있는 시대다. 내가 지금까지 주고받은 이메일과 첨부 자료를 출력하면 컨테이너 하나는 너끈히 채울 것이다. 한 사람의 자료가 이럴진대 수많은 사람이 쓰는 데이터 양은 두말할 나위 없다. 전 세계에서 어제 하루 동안 생성된 정보량이 지난 5000년 동안 생성된 것보다 많다는 비교도 있다. 어쨌든 우리는 데이터가 물리적으로 어딘가에 저장된 덕에 다시 꺼내 쓸 수 있다. 이 데이터 저장소가 바로 클라우드다. 야식을 배달시키고, 내비게이션으로 길을 찾고, 병원에서 과거 대비 현재 상태를 곧바로 확인할 수 있는 것이 다 클라우드에 저장되고 끊임없이 업데이트되는 데이터 덕분이다. 이뿐만 아니라 교육, 공장 운영, 전력망·통신망 등 현대 생활을 규정하는 인프라의 대부분과 핵심 서비스가 데이터 클라우드에서 작동한다.

나는 지난 몇 년간 한 클라우드 업체의 서비스를 이용해 왔다. 이메일부터 연구 자료까지 저장하다 보니 무료 저장 공간이 얼마 있다 가득 찼고, 어쩔 수 없이 유료로 전환한 뒤 다달이 착실하게 이용료를 내고 있다. 얼마 전 다른 클라우드로 바꿀 기회가 있었는데, 한나절 시도 끝에 데이터 이전을 포기하고 말았다. 물리적으로 불가능한 게 아니라 '사실상' 불가능했다. 버릴 수 없는 짐을 잔뜩 끌어안고 이사해야 하는 막막한 심정, 딱 그런 기분이었다. 이렇게 클라우드 서비스는 어느 정도 데이터가 쌓이고 나면 다른 클라우드로 옮길 수 없는 고착 효과가 있다. 아마 클라우드 서비스 회사가 이용료를 올린다고 해도 내가 탈퇴를 택하기는 어려울 것이다.

내 데이터가 어디에, 얼마의 비용으로, 어떤 방침에 따라 보관되고 활용되는지에 대해 내 의지가 아닌 클라우드 서비스 업체의 결정을 따라야 한다는 데서 오는 불안감이 누구에게나 있다. 개인이 아니라 국가라면 어떨까? 국방, 교통, 안전, 교육, 보건의료, 법률, 물류, 산업생산, 상거래, 조세, 금융 등 일상생활에서 매일같이 생성되는 정보의 양은 가늠이 안 될 정도다. 이렇게 막대한 국가 정보를 외국 기업의 클라우드에 맡긴다면 걱정될 수밖에 없다. 지난 몇 년간 유럽의 가장 심각한 고민이다.

유럽을 지탱하는 클라우드 서비스의 70퍼센트 이상을 구글, 마이크로소프트, 아마존 등 비유럽권 빅테크 기업이 지배하고 있다. 유럽의 고민은 유럽의 '공적' 데이터 관리를 이런 기업의 '사적' 의사 결정에 맡긴다는 데 있다. 정보 보안 문제는 더 예민하다. 미국 사법 당국이 필요 시 유럽에 있는 미국 기업의 클라우드 서버에서 유럽의 정보를 가져갈 수 있는지에 대한 논쟁이 대표적인 사례다. 미국 의회가 사법 당국의 요청을 반영해 '클라우드 법'[14]으로 불리는 관련 법을 만들고 미국과 유럽 간 후속 협상이 진행 중이지만, 유럽의 데이터가 다른 나라의 의지에 따라 활용될 수 있다는 걱정은 상존한다. 요즘 대안으로 떠오르는 중국의 정부 주도 클라우드 서비스도 걱정스럽기는 마찬가지다. 최근 발표된 중국의 개인정보법에 따르면, 중국인이 관련된 문제에는 국경과 상관없이 중국의 데이터 규정을 적용할 계획이다. 유럽의 공식 문서에는 중국의 첩보 활동에 대한 우려도 공공연하게 등장한다. 유럽이 처한 상황을 고려하면 정보 보안에 대한 우려를 충분히 이해할 만하다.

유럽은 역사적으로 개인의 자유를 중요하게 생각하고, 개인 정보 보호 문제도 그 어느 곳보다 민감하게 다룬다. 그래서 개인 정보 보호에 대한 규정(GDPR)[15]을 선제적으로 제정했다. GDPR은 어느 나라 기업이든 EU 회원국 사람들의 데이터와 프라이버시를 지키도록 세세하게 규정하고, 이를 어길 경우 엄중한 제재가 따르게 했다. 예를 들어, 전 세계 매출의 4퍼센트나 2000만 유로(약 260억 원) 중 높은 금액을 과징금으로 부과하는 것이다. 이 규정은 이제 우리나라를 포함해 많은 나라들이 개인 정보 보호에 관한 규칙을 만드는 데 모범으로 자리 잡았다. 미국과 중국의 클라우드 회사들이 개인 정보에 관한 유럽의 가치와 원칙을 제대로 지키지 못할 것이라는 불안감이 유럽에서 클라우드와 관련된 최초의 질문을 제기하는 계기가 되었다.

산업 경쟁력은 어떤가? 빅데이터와 인공지능이 일상화할수록 클라우드의 중요성이 커질 것으로 예상되는 가운데 유럽의 현황이 암담하다. 반도체를 포함한 첨단 산업의 제조 공급망이 일부 틈새 분야를 제외하고는 점점 허약해지고 있으며 핵심 소프트웨어 인력이 유럽을 탈출하기에 바쁘다. 클라우드가 미래의 쌀이고 석유라는 말이 나오고 클라우드 산업의 규모가 무서운 속도로 커진다는데, 유럽으로서는 이런 밝은 전망 자체가 역설적으로 더 우울하게 들릴 수밖에 없다. 클라우드 시대에 유럽이 설 자리가 없을 것이라는 우려 때문이다.

가이아-X의 비전

이런 유럽의 고민을 담아 제시된 문제를 한마디로 요약하면 '데이터 주권'이다. 데이터 주권을 지키지 못하면 유럽의 미래를 유럽의 주권적 의지에 따라 만들어 갈 수 없다는 문제의식이 보인다.

케네디 대통령이 달에 사람을 보낸다는 목표를 제시하면서 시작된 사업이 문샷 프로젝트다. 그 뒤 도저히 이루지 못할 것 같은 원대한 목표가 있는 과제를 문샷 프로젝트라고 한다. 유럽이 데이터 주권에 관해 제기한 최초의 질문이 유럽판 문샷 프로젝트로 불리면서 2019년에 시작된 '가이아-X' 프로젝트다. 유럽 각국 정부뿐 아니라 하드웨어와 소프트웨어 기업, 클라우드 응용 서비스를 이용하는 중소기업들이 함께 참여하는 다국적 초거대 프로젝트다. 이 프로젝트의 가장 중요한 목표는 개인 정보의 보호와 활용에 대한 유럽의 가치와 원칙을 반영한 새로운 클라우드 플랫폼을 구현하는 것이다. 이렇게 만들어진 유럽판 클라우드는 미국판 민간 기업의 클라우드나 중국판 국가 주도 클라우드와는 지향이 다르다. 가이아-X의 특징은 '연방형 클라우드 시스템'이다. 한 곳에 모든 데이터를 모으지 않고 각 데이터의 관리자가 소유권을 전적으로 행사하는 가운데 시너지를 낼 수 있도록 상위의 공유 규칙을 만드는 것이다. 유럽연합의 정치적 구조를 닮은 개념설계다. 연방형 클라우드 시스템이 가능하려면 첨단의 블록체인 기술이 필요하다. 가이아-X 프로젝트가 예상대로 진행된다면 차세대 블록체인 기술에서 유럽이 리더가 되는 중요한 기회를 잡을 수 있을 것이다.

가이아-X 프로젝트가 순조롭게 진행될지는 지켜볼 일이다. 아직 첫 번째 버전이라고 할 만한 해답이 나오지 않았기 때문이다. 유럽 각국의 기업과 단체 300여 곳이 참여하는 만큼 의사 결정이 느리고 합의할 수 있는 부분이 제한적이라는 비관적 목소리도 있다. 더욱이 미국의 아마존을 비롯한 빅테크 기업과 중국의 알리바바 같은 거대 클라우드 기업들까지 정식 회원이나 이벤트 후원자로 참여하면서 유럽의 데이터 주권을 지킨다는 애초의 취지가 무색해졌다는 비판도 있다.[16] 그러나 가이아-X는 최초의 질문에 대한 해답으로서 새로운 개념설계를 지향하며 지금 막 스케일업 과정을 시작했다는 점에서 시행착오가 있는 것이 당연하다.

가이아-X 프로젝트는 혁신 기술의 탄생, 즉 새로운 별의 생성 과정을 바로 눈앞에서 살펴볼 수 있는 흔치 않은 기회다. 우리에게 가장 의미 있는 교훈은 가이아-X가 던지는 최초의 질문이 데이터 사회에 대한 유럽의 철학에서 출발했다는 점이다. 세계시장에서 더 잘 팔리고 돈을 많이 벌 수 있는 클라우드를 만들자는 것이 아니다. 미국처럼 민간 기업에 목을 매는 데이터 사회나 중국처럼 중앙정부가 모든 데이터를 장악하는 사회가 아니라 개인의 권리를 보장하면서 데이터를 활용해 사회 각 부문의 효율성을 높일 방법을 찾겠다는 비전이 뚜렷하다. 이런 점에서, 지향하는 미래상이 없으면 최초의 질문이 나올수 없다는 것도 가이아-X의 교훈이다. 한국이 제시하는 최초의 질문과 그로부터 만들어질 전략 기술은 한국이 어떤 미래를 지향하는가에 따라 결정된다. 우리는 어떤 데이터 사회를 지향하는가? 기술 선진국으로서 한국은 세계에 무엇을 제시하려고 하는가?

최초의 질문을
던지는 국가

한국의 궁극적인 지향이 그저 돈이 많은
고소득 국가일 수는 없다.
저마다 자신만의 재능을 발견하고
역량을 스케일업하면서 성장해 나가는
진정한 의미의 선진국으로 가야 한다.

기술혁신에 국가의
소임이 있다

케인스와 슘페터

지난 10년간 신문의 경제면을 다시 더듬어 보면 산업 현장이 위기에 빠졌으며 경제가 불안하다는 기사가 단 한 해도 빠짐없이 있다. 2008년 금융 위기 이후 전 세계적으로 장기 불황의 그림자가 드리웠고, 저성장에 익숙해져야 한다는 뜻에서 '뉴 노멀'이라는 말이 일상어가 됐다. 한국도 예외가 아니다. 2000년대 이후 잠재성장률이 해마다 0.2퍼센트 안팎으로 하락하는 추세가 코로나19 대유행 직전까지 이어졌다. 이렇게 우리나라를 포함해 세계의 경제적 체질이 약화하던 중에 감염병 사태가 터졌다. 다시 말해, 지금은 장·단기 위기가 함께 있는 상황이다. 감염병 유행 탓에 잘 보이지 않을 뿐, 장기적 성장 잠재력의 위기는 결코 사라지지 않았다. 단기 위기를 극복하느라 장기적 성장 정체에 대응할 시기를 놓치면, 일본의 잃어버린 30년이 보여주듯 만성적인 저성장의 늪에 빠질 수 있다.

　코로나 위기 상황에 우리나라뿐 아니라 모든 국가가 케인스식 처방이라 불리는 비슷한 대응에 나섰다. 케인스는 유효수요가 부족해서 불황이 온다고 진단하고, 어떤 식으로든 정부의 지출을 신속하게 늘려 수요를 불러일으켜야 한다고 주장했다. 죽은 케인스가 부활했다는 말이 나올 정도로 모든 국가가 확장 재정 정책을 편 결과, 전 세계적으로 실물 경기와 상관없이 증시가 호황을 이루고 각종 자산의 가격이 상승하면서 양극화가 심해지는 등 예상한 부작용도 현실화되었다. 경제 전반에 거품이 끼고 있다는 경보가 여기저기에서 울린다.

　모두가 코로나 위기에 정신을 판 사이 수면 저 밑에서는 장기적인 기술 패러다임의 변화가 꿈틀대고 있다. 데이터 경제의 등장, 비대면 산업의 발전 등에 따라 4차 산업혁명 기술을 바탕으로 새로운 기업들이 빠르게 부상하면서 산업 곳곳에서 이 기업들과 기존 기업 간 마찰이 커졌다. 게다가 지난 10년간 조금씩 가열된 미·중 기술 패권 경쟁도 본격적으로 불을 뿜기 시작했다. 그 영향으로 거대한 지각이 움직이듯 글로벌 가치사슬이 큰 마찰음을 내면서 재편되는 중이다. 최근 속도가 빨라진 이 기술 패러다임의 변화는 지난 10년간 꾸준히 진행돼 온 중·장기적 추세다. 불황 대응 차원에서 단기적으로 확장 재정을 중심으로 한 케인스식 처방이 필요할지도 모른다. 그러나 장기적인 성장 잠재력의 위기 대응은 결코 미룰 수 있는 과제가 아니다. 이를 위해서는 케인스가 아니라 조지프 슘페터의 목소리에 귀를 기울여야 한다.

슘페터는 시장경제 체제가 기술혁신을 기반으로 성장하는 원리를 '발견'했다. 아주 간단히 요약하면 이렇다. 도전적인 최초의 질문을 가진 '기업가'가 기술혁신을 일으킨다. 이렇게 탄생한 새로운 기술과 기업은 낡은 기술과 기업을 시장에서 밀어내는 '창조적 파괴'를 일으킨다. 그 결과, 산업 전반의 생산성이 올라가며 새로운 소비가 일어나고 경제가 성장한다. 이렇게 요약하고 보면 지극히 당연한 말이라서 발견이라고까지 할 게 있나 싶지만, 슘페터가 명저 『경제발전의 이론(*Theorie der wirtschaftlichen Nationaloekonomie*)』(1911)에서 명쾌하게 설파하기 전까지 기술혁신과 경제성장은 별개로 여겨졌다.

'기업가 정신'이라는 말을 수면 위로 끌어올린 사람도 슘페터다. 기업가 정신은 자신만의 세계관을 펼치려는 의욕과 상업적으로 성공하려는 욕구 또는 순수하게 새로운 어떤 것을 창조하려는 희망 등 혁신의 전망을 바탕으로 최초의 질문을 던지면서 집요하게 해법을 찾아가는 의지를 일컫는다. 그리고 이런 의지는 바로 인간의 본성에 내재한다. 슘페터는 놀라운 통찰력으로 시장경제 체제가 '기업가 정신'과 '창조적 파괴'라는 성장 엔진을 외부가 아니라 내부에 가지고 있다는 것을 간파했다. 다시 말해, 인간 본성에 내재한 기업가 정신이 혁신을 만들어 내고, 낡은 기술과 기업을 몰아내는 창조적 파괴 과정을 거쳐 경제가 성장한다는 것이다.

이런 시각에서는 기업가 정신을 억누른 중세나 전근대적 사회 또는 자유로운 시장 경쟁을 허용하지 않는 계획경제에서 왜 기술혁신이 일어나지 않고 경제가 성장하지 않는지를 쉽게 이해할 수 있다. 경제 체제 내부에 기업가 정신과 창조적 파괴라는 성장의 엔진이 존재하지 않거나 차갑게 식어 있기 때문이다. 이 두 단어는 성장 잠재력을 결정하는 키워드다.

슘페터의 시각은 케인스의 수요 기반 정책과 반대로 혁신의 활성화를 중시하는 공급 기반 성장 정책의 기초가 된다. 멀리 볼 것도 없이 2021년 6월에 미국 상원이 내놓은 '혁신·경쟁법'이나 최근 중국이 발표한 '2035 장기 발전 계획' 등이 대표적인 예다. 모두 반도체, AI, 바이오, 우주 등 핵심 기술에 대한 집중투자로 국가의 혁신 기반을 올리는 데 초점을 둔 슘페터식 국가 성장 전략이다. 미래 기술 분야는 공통적으로 불확실성이 크지만 수익이 장기적으로 발생하는 특성이 있다. 게다가 여러 산업의 혁신에 두루 영향을 미치는 공공재적 성격이 강해서 민간 기업의 자발적 투자를 기대하기 어렵다. 이때 국가가 나서서 도전적인 최초의 질문을 던지고 미래의 기업가를 위해 혁신의 씨앗을 미리 뿌려 두는 것이다. 교육 혁신에 투자하는 것도 미래 세계를 열어 갈 기업가의 싹을 키우기 위한 노력의 일환이다. 유럽도 뒤질세라 '그린 뉴딜'을 내세우면서 새로운 에너지 패러다임에 필요한 기술혁신의 모판을 만들기 위해 집중투자를 시작했다.

감염병 위기 속에서도 미국, 유럽, 중국 등이 기술혁신의 기반 마련을 목표로 투자하는 것은 단기적 위기 대응을 넘어 위기 이후 기업가들이 최초의 질문을 던질 계기를 마련해 두기 위해서다. 확장 재정이라지만 단순히 규모만 늘리는 것이 아니다. 그 속을 들여다보면, 케인스식 단기적인 불황 극복과 슘페터식 장기적인 성장 잠재력 확충을 함께 고려해 복합 처방을 하고 있다. 이런 기술 선진국들의 혁신 기반 성장 정책에 슘페터가 중요한 사상적 기반을 제공한 것이다.

한국도 정부 주도 산업 정책에서 슘페터식 기업가 정신 기반 성장 정책으로 전환해야 할 때가 됐다. 과거 우리나라의 산업 정책이 정부가 민간을 대신해 특정 산업을 사실상 직접 육성하는 것이었다면, 이제 민간 부문 기업가들이 스스로 도전적인 최초의 질문을 던지고 실험할 수 있도록 환경을 정비하는 쪽으로 나가야 한다. 그리고 다른 한편으로는 민간이 맡기 어려운 공적 영역이나 위험 부담이 큰 미래 혁신 분야 또는 모든 기업이 공유하는 혁신 인프라 부문에서 국가가 공적인 의미의 기업가 정신을 발휘해 스스로 최초의 질문을 던지고 시험해 나가야 한다. 결국 공공 부문의 기업가 정신이 마중물이 되어 민간의 기업가 정신을 불러일으키는 것이다.

슘페터가 주창한 기업가 정신과 창조적 파괴에는 중요한 전제가 하나 있다. 파괴 쪽에 있는 사람이 짊어져야 할 고통을 분담하는 일이다. 실제로 중·장기적으로 볼 때 실업은 대부분 기술혁신에 따른 산업의 구조 조정 과정에서 생긴다. 4차 산업혁명의 도래로 이 기술적, 구조적 실업의 위험이 더 커질 전망이다. 게다가 지금 같은 복합 위기 상황에서는 피해가 더 심각할 수밖에 없다. 이런 파괴의 고통을 창조라는 햇볕에 어쩔 수 없이 따라붙는 그림자 정도로 보면 안 된다. 파괴 과정에 밀려나는 사람들이 다시 질문을 던질 기회가 없다면 그 어떤 창조적 시도도 받아들이지 못하는 사회가 된다. 변화를 안심하고 받아들일 뿐만 아니라 적극적으로 질문하고 도전하는 기업가가 많아지게 하려면 사회 안전망이 든든해야 한다. 어려운 체조 동작을 새로 익히려고 할 때 부상을 막아 줄 매트가 푹신하고 든든해야 자신 있게 점프를 시도할 수 있는 것과 같다. 또한 누구나 새로운 역량이 필요하면 언제 어디서나 낮은 비용으로 배울 수 있도록 평생학습에 대한 투자를 획기적으로 늘려야 한다. 이런 안전망과 평생학습에 대한 투자 또한 성장 잠재력을 키우기 위한 슘페터식 정책의 핵심으로 케인스식 확장 재정에 크게 반영돼야 할 중·장기 처방이다.

슘페터는 노동과 자본 같은 유형적 투입이 아니라 무형의 기술혁신에 기반을 두고 성장하는 혁신 국가를 꿈꿨다. 기업가 정신과 시장의 창조적 파괴 원리가 분명 민간 영역에 해당하지만, 민간과 겹치지 않는 곳에 정부의 일이 분명히 있다. 정부의 규모에 대한 논란이 많지만, 혁신 국가라는 관점에서 핵심은 정부가 공적인 영역에서 도전적인 질문을 선도적으로 던질 만한 능력이 있는가다.

범용 기술의 변화 속 국가의 소임

몇 년 전 벤처 관련 행사장에서 들은 최초의 질문 하나가 기억난다. "가난한 집 아이들도 부잣집 아이들처럼 쉽게 가정교사의 도움을 받을 방법이 있을까?" 한 청년 기업가가 이 질문을 던지고 해법이 될 아이디어를 제시했다. 수학 문제집에서 잘 안 풀리는 문제가 있을 때 그것을 쓴 연습장이라도 휴대전화 앱으로 찍어 보내면 몇 초 안에 풀이 과정과 답을 받는다. 게다가 그 문제와 비슷한 문제가 제시돼 심화 학습으로 이어진다. 겉보기에 단순할 것 같지만, 휴대전화 사진 속 손으로 쓴 문자와 수식을 자동 인식하고 알맞은 답을 골라 제시하는 이면의 인공지능 기술은 결코 단순하지 않았다. 이 도전적인 최초의 질문에 대한 해법이 쓸 만해질 때 가장 큰 혜택을 보는 사람은 누굴까? 아마 공부할 마음은 있지만 드라마 「스카이캐슬」에서처럼 고급 과외 교사의 도움을 받지는 못하는 소외 지역의 학생들일 것이다. 이런 서비스를 쉽게 접할 수 있는 환경이 된다면, 기존 학교 체제와 교사들에게는 어떤 파괴적 영향이 있을지도 궁금하다. 이 최초의 질문과 해답의 시도는 인공지능 기술이 교육 분야에 도입되면서 사회의 관행도 바꿀 가능성을 보여 주었다.

매일 신기술이 쏟아지지만 그 파급 효과가 같지는 않다. 신기술 가운데 모든 산업 분야에서 활용되면서 각 분야의 혁신을 촉진하고, 그 영향으로 핵심 기술이 다시 발전하는 선순환 관계가 형성된 기술

을 범용 기술이라고 한다. 증기기관, 전기, 컴퓨터 그리고 최근 인공지능 기술 등이 대표적인 예다.[1]

범용 기술이 등장하면 세상의 규칙이 바뀐다. 전기 기술이 좋은 사례다. 20세기 초부터 전기가 본격적으로 활용되자 비로소 포드자동차의 컨베이어벨트 같은 대량생산 체제가 작동될 수 있었다. 대량생산된 자동차는 도시의 확대를 낳고, 이에 따라 등장한 대량 물류 시스템과 쇼핑센터가 새로운 생활양식을 만들어 냈다. 이런 변화 속에 중산층이 급속히 생겨나는 한편 빈익빈 부익부라는 소득 양극화 현상이 심해졌고, 이에 대응해 연금제도와 같이 현대적 복지국가를 뒷받침하는 제도들이 만들어졌다. 즉 범용 기술이 등장하면 사회 전체의 시스템이 바뀐다.

인공지능 기술이 대표하는 4차 산업혁명 기술이 새로운 범용 기술이라는 것에 대해 전문가들 사이에 이견이 없다. 거의 모든 산업 분야에서 쓰이고, 각 분야의 혁신을 촉발하면서 기술 자체도 함께 발전하는 상승작용이 있기 때문에 전형적인 범용 기술이라고 할 만하다. 게다가 소비자의 행동과 생활양식, 고용과 교육, 사회적 관계의 변화까지 촉발하고 있다. 심지어 최근 글로벌 디지털세 논의에서 보듯 물리적 국경을 기반으로 만들어진 기존 통상 규칙마저 재정의될 정도다.

새로운 범용 기술의 등장은 기업 경영자가 가장 민감하게 주시해야 하는 현상이다. 지금까지 생각해 보지 못한 최초의 질문이 등장하고, 접해 보지 못한 해법이 시도된다. 생소한 기업이 갑자기 산업의 리더가 되고, 천년만년 갈 것 같던 기업이 순식간에 사라지는 창조적 파괴가 그 어느 때보다 극심하게 일어나고, 조직 구성과 인사 관리 같은 경영의 핵심 개념도 재정의되기 때문이다. 국가 정책을 맡은 사람도 마찬가지다. 범용 기술의 등장은 산업구조의 급변과 일자리의 혼란을 가져오고 사회 갈등으로까지 이어지는데, 이에 적응하느냐 하지 못하느냐에 따라 범용 기술 등장 전후로 국가의 상대적 위상이 달라진다. 증기기관의 탄생과 함께 영국이 세계의 리더로 올라서고, 전기와 대량생산 체제라는 범용 기술을 선도한 미국이 그 자리를 대체한 역사를 보면 알 수 있다.

그런데 흥미롭게도 새로운 범용 기술이 등장하고 한동안은 예외 없이 생산성 역설이라는 현상이 나타난다. 노벨경제학상을 수상한 로버트 솔로가 1987년에 주장한 이 현상은, 당시 기업들이 범용 기술이라는 컴퓨터를 많이 채택하기 시작했지만 생산성 향상 효과가 기대만큼 바로 나타나지는 않더라는 현상을 표현한 말이다.[2]

생산성 역설은 전기 기술을 도입하던 20세기 초에도 나타났다.[3] 전기 기술은 1879년에 에디슨이 백열등을 발명하면서 산업계에 처음 소개되었고, 1893년에 조지 웨스팅하우스가 시카고 전력 공급을 위한 범용 시스템을 선보이면서 기술적으로 거의 완성되었다. 그러나 정작 전기를 채택한 공장들이 기대한 효과를 보지 못했고, 1919년까지 미국 제조 기업의 절반도 채택하지 않을 정도로 확산이 더뎠다.

전기 기술 자체가 문제는 아니었다. 새로운 범용 기술의 특성에

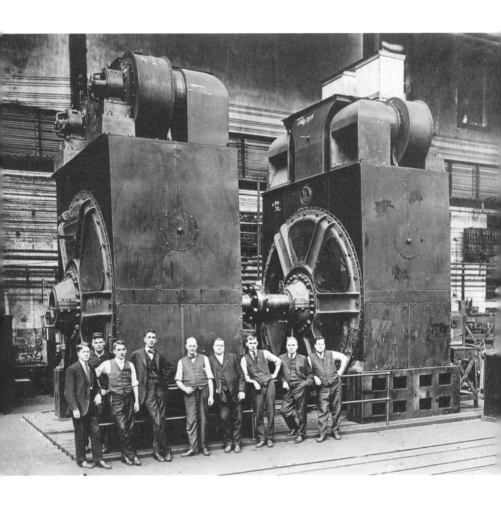

1920년대 발전기

맞게 조직과 업무 처리 과정을 혁신하지 못했고, 각 산업 현장에 있던 전문가들이 전기 기술에 대한 이해도가 낮아서 어떤 문제를 해결하면 좋을지에 대해 최초의 질문을 내놓지 못한 것이 문제였다. 기존 공장들은 한가운데 큰 증기기관을 놓고, 거기서 발생한 동력을 축과 벨트로 연결해서 쓰고 있었다. 그러다 보니 공장을 설계할 때 큰 힘이 필요한 공정을 가운데로 몰고 2, 3층까지 수직으로 연결하면서 동력 손실을 최소화하도록 했다. 하지만 전기 모터는 어디에든 설치할 수 있기 때문에 적은 투자비로 넓은 단층 공장을 짓고 필요한 동력의 크기가 아닌 작업 순서에 따라 공정을 효율적으로 배치할 수 있었다. 안타깝게도 초창기에는 이런 전기 기술의 가능성을 인식하지 못한 채 과거 증기기관이 있을 때의 공장 설계 방식과 업무 처리 과정을 고집한 것이다. 또한 기존 인력이 신기술 채택에 소극적이거나 저항하는 경우도 있었다. 결국 전기 도입에 따른 효과를 거의 보지 못하거나 오히려 생산성이 떨어졌다. 전기의 개념이 탄생한 지 40년, 전기 기술이 활용되기 시작하고 무려 20년이 지난 1920년대에야 전기의 생산성 증가 효과가 본격적으로 발휘되었고 세상은 변곡점을 지나 급변하기 시작했다.

이런 상황은 솔로가 컴퓨터의 생산성 역설을 이야기하던 1980년대 중반에도 벌어졌다. 1970년대 후반부터 기업들이 큰돈을 들여 컴퓨터를 설치하기 시작했지만, 일하는 방식은 여전히 종이와 연필을 쓰던 시대에 머물러 있었고 생산성은 정체하거나 오히려 떨어졌다. 컴퓨터가 아니라 컴퓨터를 활용하는 사고방식 그리고 새로운 도구가 불러일으키는 새로운 질문의 가능성을 인식하지 못한 것이 문제였다. 기업이 컴퓨터 살 돈의 아홉 배 이상을 조직 변화, 비즈니스 모델 재설계, 인력 훈련에 투자해야 하는 데다 적어도 7년 이상 지속적으로 시행착오를 겪어야 비로소 효과가 나타난다는 연구 결과도 있었다.[4]

또다시 생산성 역설의 시대가 도래하고 있다. 새로운 인공지능을 비롯한 4차 산업혁명이라는 범용 기술이 등장할 때 국가의 책임이 막중하다. 기술혁신 역사의 교훈은 4차 산업혁명 기술이 각 부문에 도입되어도 한동안 생산성 역설, 즉 그 효과를 보지 못하는 기간이 지속되리라는 것이다. 그리고 생산성 역설을 빠르게 극복하는 국가가 새로운 범용 기술 시대를 이끄는 기술 선도국으로 부상하리라는 것이다. 결국 사회 곳곳에서 새로운 범용 기술을 염두에 둔 도전적 최초의 질문이 많이 나오도록 장려하고, 많은 실험을 불러일으켜야 한다. 그러려면 무엇보다 기존 이해관계를 반영한 각종 규제 체제를 새로운 범용 기술의 특성에 맞게 빨리 개편해야 한다. 인공지능 전문가 육성도 중요하지만, 앞서 이야기한 교육 벤처기업처럼 각 분야에서 인공지능을 활용할 수 있는 전문가를 많이 키우는 일이 더 시급하고 중요하다. 응용 사례가 다양해야 인공지능 기술도 발전할 수 있다.

공공 부문이 인공지능을 비롯한 4차 산업혁명 기술의 테스트베드가 되는 것도 중요한 전략이다. 교육, 보건의료, 국방, 치안, 환경, 행정 서비스 등 4차 산업혁명 기술로 예산을 절감하거나 혁신적 서비스를 국민에게 제공하는 등 국가적 관점의 질문을 제기할 수 있는 부분은 차고 넘친다. 4차 산업혁명에 관한 기술 선진국의 전략이 정부 혁신을 무엇보다 앞세우는 것도 공공 부문이 4차 산업혁명 기술의 발전에 중요하고 수준 높은 질문의 종묘장이 될 수 있다는 것을 알기 때문이다. 공공 부문이 앞장서서 범용 기술의 전환과 관련한 최초의 도전적 문제를 낼 수 있어야 한다.

중국 상무위원회가 2020년에 5G 통신망, 고속철도, 산업 인터넷망, 특고압 설비, 데이터센터, AI 기술, 전기차 충전소 등 7대 신인프라 사업에 투자하겠다는 국가 전략을 발표했다. 이 인프라는 모두 중국이 4차 산업혁명 기술을 중심으로 한 범용 기술 선진국으로 전환하는 데 기초가 되는 것들이다.[5] 범용 기술에 필요한 차세대 인프라에 대한 투자도 국가의 중요한 일이다.

지금 미국이 중국과 벌이는 기술 패권 경쟁은 4차 산업혁명이라는 새로운 범용 기술 시대에 리더십을 차지하려는 치열한 노력의 단면이다. 범용 기술이 등장하는 시기가 국가 간 위상이 달라지는 기회의 창이라는 점은 우리 가슴을 뛰게 한다.

AI+X 아닌 X+AI

경북에 자리한 자동차 부품 회사에 방문했을 때 일이다. 지금도 기억이 생생한 특별 사내 행사가 있는 날이었다. 컨벤션이 가능한 건물에 많은 회의실을 빌려, 일종의 사내 학술 대회를 열고 있었다. 첨단 기술 연구소가 지식 소통을 위해 자체 콘퍼런스를 여는 경우는 몇 번 보았지만 중견 제조 기업이 현장 직원들과 학술 행사를 벌이는 경우를 보긴 처음이라 흥미로웠다. 여느 콘퍼런스처럼 부문별 방마다 발표 제목이 붙었고, 안전제일 표시가 눈에 띄는 푸른 작업복을 갖춰 입은 직원들이 저마다 원하는 방에 들어가서 듣고 있었다. 나도 발표 제목을 보면서 어슬렁거리다 평소에 내 연구 분야와 관련해 관심이 많던 품질관리 분야의 발표가 준비된 방을 골랐다. 그런데 앉을 자리가 없어서 제법 많은 사람들이 회의실 뒷벽에 기댄 채 발표를 듣는 모습에 깜짝 놀랐다. 또 당시 그 회사가 세계시장에 진출하기 시작하면서 인수한 미국 공장의 팀장급 엔지니어가 그곳 현장의 문제를 공유하고 있어서 다시 깜짝 놀랐다. 순차 통역이 있었고, 꾸벅꾸벅 조는 직원은 한 명도 없었다. 세 번째로 놀란 점, 나처럼 뒷벽에 붙어 서서 옆사람과 발표 내용에 대해 소곤거리던 사람이 나중에 알고 보니 사장이었다. 젊은 데다 직원들과 똑같이 작업복을 입었으니 나 같은 외부인은 못 알아볼 수밖에 없었다.

여러 차례 놀란 이날 가장 인상 깊은 것은 품질관리 팀장의 발표였다. 전기 대비 품질 현황과 원인, 대책까지 담은 발표였다. 발표가 어색한지 슬라이드 화면을 가리키는 레이저 포인터가 연신 떨렸다. 교수라는 직업상 남의 발표를 들으면 모르는 걸 외워서 말하는지 아는 걸 말하는지 구별할 수 있다. 인공지능의 머신러닝 기법을 적용해서 분석한 결과를 발표한 팀장은 몸으로 겪으면서 알게 된 단어가 절반 이상이었다. 내용은 솔직하고 발표는 진지했으며 청중의 반응도 좋았다. 나는 이날 4차 산업혁명의 현장을 보았다.

4차 산업혁명을 대표하는 기술인 인공지능이 범용 기술인 것은 분명하지만, 그 자체로는 어떤 가치도 창출하지 못한다. 현장의 문제에 응용되어 해법을 제시할 때 비로소 가치가 드러난다. 마치 전기가 그 자체로는 가치가 드러나지 않다가 조명이나 기계의 동력으로 응용되면서 비로소 가치가 빛나는 것과 같다. 그렇다면 인공지능과 응용 현장의 지식이 함께해야 하는데, 어느 것이 더 중요할까? 어느 쪽이 선도해야 할까? 교과서적 정답은 '둘 다 중요하다'겠지만, 현실의 사례를 많이 접하다 보면 현장 지식이 더 중요하다는 데 한 표를 던지게 된다.

4차 산업혁명이라는 개념을 퍼트린 세계경제포럼에서는 제조 공장 중 4차 산업혁명 기술로 탈바꿈된 모범적 스마트 팩토리를 선발해 등대 공장이라고 이름 붙인다. 현재 전 세계의 공장 아흔 곳이 선정되었고, 한국에서는 포스코가 처음으로 선정되었다. 포스코도 초기에는 현장 전문가들이 보조자로 물러앉은 채 인공지능 전문가들이 주도하려 했으나 성공하지 못했다. 이 시행착오를 바탕으로 현장 전문가들이 문제를 주도적으로 제시하고 인공지능 전문가들이 문제 해결자로서 협력하는 방식으로 전환한 끝에 최첨단의 세계적인 스마트 팩토리 모범 사례로 탈바꿈했다.

많은 대기업들이 디지털 전환을 위해 인공지능 전문가를 영입하느라 난리법석인 가운데 별다른 효과를 못 봤다는 볼멘소리가 계속 들린다. 초기의 적응 기간이라고 하기에는 석연찮은 부분이 많다. 불만스러워하는 현장을 살펴보면 대체로 인공지능 전문가가 주도하는 방식을 취하는 경우다. 현장의 전문가들이 인공지능의 가능성을 인지하고, 이것부터 바꿔 볼 수 있겠느냐고 최초의 질문을 던지는 게 모든 일의 시작이다. 인공지능 전문가들은 해법을 제공하는 한편 제시된 질문을 다시 정의하거나 더 수준 높은 질문으로 탈바꿈시키는 데 기여하는 방식이 바람직하다.

최근 몇 년간 정부가 짧은 시간에 몇 만 곳에 이르는 중소기업 현장을 스마트 팩토리로 만들겠다고 지원책을 펴면서 적극적으로 나섰지만, 기대만큼 성과가 오르지 않는다는 현장의 목소리가 많다. 비슷한 이야기가 반복되는 것이다. 스마트 팩토리 전문가들이 와서 톱다운 방식으로 시스템을 설치해 주지만 스마트 팩토리의 가능성에 대한 인식이 부족한 현장 사람들이 팔짱을 끼고 있는 경우가 많다. 아예 장치를 끄기도 하고, 제품 성능이 바뀌었을 때 컴퓨터의 제어값을 일부러 업데이트하지 않는 경우까지 있다.

한국이 인공지능이라는 새로운 범용 기술로 앞서 나가려면 확산이 중요하다는 인식을 담아 AI+X라는 표현을 많이 쓴다. 이때 X는 여러 응용 분야다. 그러나 잘 생각해 보면 AI+X가 아니라 X+AI가 올바른 표현이다. 다양한 현장의 전문가들이 인공지능의 가능성을 인식하고 최초의 질문을 던지면서 혁신을 이끌어야 하기 때문이다. 인공지능은 1950년대부터 본격적으로 발전하는 동안 혹독한 겨울을 두 번 겪었다. 벌써부터 세 번째 겨울을 걱정하는 사람들도 많다. 현재 국가적 지원 덕에 인공지능 전문가가 이곳저곳에서 양성되고 있는데 10년 뒤에는 이들이 차가운 인공지능의 겨울을 온몸으로 맞을 거라고 과장 섞인 우려를 말하는 사람도 있다. 모두 X, 즉 인공지능을 응용할 분야에서 스스로 깨치고 최초의 질문을 제시하지 않으면 인공지능의 붐도 곧 사그라질 것이라는 비관적 전망이다.

독일 공학한림원의 헤닝 카거만 회장은 4차 산업혁명이라는 개념을 처음 제시한 스마트 팩토리의 선구자다. 얼마 전 한 포럼에서 나와 화상 대담을 했을 때 그가 소개한 독일의 스마트 팩토리 전략을 듣고 많은 생각을 했다. 1년에 공장 100여 곳을 선별하고 현장 전문가들과 오랫동안 토론한 뒤 그들이 한번 바꿔 보고 싶어 하는 작은 문제를 출제하도록 유도하는 데 집중하고 있었다. 현장 전문가들이 제시한 질문을 스마트 팩토리 전문가들이 함께 해결하고 시행착오 경험을 모아서 공유하는 식으로 신중하게 확산시키고 있다는 이야기다. 느리지만 현장 전문가가 제시하는 최초의 질문을 유도하고 기다리면서 견고하게 내딛는 발걸음이다. 우리도 그렇게 갈 수 있다. 앞서 본 자동차 부품 회사의 사내 발표회에서 가능성은 충분히 확인했다.

미래를 위해
질문하는 국가

정부의 기업가 정신

바이든 행정부는 출범하자마자 1조 9000억 달러 규모의 경기 부양책을 비롯해 경제를 살리기 위한 여러 정책을 쏟아냈다. 그중 취임 후 곧바로 서명한 '바이 아메리칸(Buy American)'이라는 행정명령을 주목해 볼 필요가 있다. 트럼프의 정책을 계속 뒤집는 중에 드물게 계승한 산업 정책이기 때문이다. 이 행정명령에 따르면, 앞으로 모든 연방정부 기관은 민간 기업의 물건을 구매할 때 미국의 제조·혁신 기술 기업이 만든 것을 사야 한다. 2019년 한 해 동안 연방정부가 조달한 제품 및 서비스가 600조 원이 넘는 규모였는데, 이 엄청난 구매력을 혁신 기업에 쓰겠다는 것이다. 선거 캠페인이 한창이던 2020년 7월에 바이든 캠프의 핵심 경제 공약으로 먼저 제시된 정책이 취임 직후 행정명령으로 구체화되었다.

국제무역 규범과 충돌하는 부분이 없는지, 관세 동맹국은 어떻게 대우할지 등 실무적으로 검토해야 할 사항이 많지만 정책을 만든 동기와 목적부터 이해해야 한다. 미국 국민의 세금으로 미국 기업을 살리고, 그 결과로 미국인의 소득을 올리자는 것이 당장 눈에 보이는 이유다. 그러나 그 이면에 자리한 것은 정부의 문제 제시 역량과 이를 뒷받침하는 구매력이 중·장기적으로 미국 산업 생태계의 근간인 제조업을 살리고 청정에너지와 같은 미래 산업 분야를 키워 나가는 데 결정적 구실을 할 수 있다는 전략적 공감대다.

정부 구매가 기술혁신과 신산업 창출의 씨앗 구실을 한 것이 더는 비밀이 아니다. 에디슨이 백열전구를 발명한 뒤 첫해에 만든 전구 4000개는 거의 다 공공 기관에 납품되었다. 실리콘밸리의 형성이나 반도체, GPS, 인터넷 등 첨단 기술의 탄생사에서 미 국방부의 전략적 구매가 빠지지 않고 등장한다. 미국 교육부가 학교 교실에 애플 컴퓨터를 선도적으로 보급한 덕에 애플이 초기 성장 정체의 위기를 무사히 넘어갈 수 있었다는 것도 잘 알려진 사실이다. 아이폰5 모델에 장착되어 인공지능 비서 개념을 최초로 선보인 '시리' 기술도 알고 보면 인공지능의 싹이 아직 미미하던 2003년에 미 국방부가 던진 최초의 질문에서 시작되었다.[6]

"인사관리를 비롯한 여러 과업에 인공지능을 도입할 수 없을까?" 이 질문에 대해 벤처기업을 중심으로 한 민간 전문가 집단이 초기 시험 단계의 해법을 제시했고, 그 뒤 조금씩 스케일업된 기술을 2010년에 애플이 2억 달러에 인수해 아이폰에 장착한 것이다.

기술 선진국 사례를 끝도 없이 들 수 있지만, 최근 가장 두드러지게 이 정책을 펴는 나라는 단연 중국이다. 풍력을 비롯한 중국 청정에너지 기술의 발전 과정에서 정부와 공공 기관의 구매 정책은 절대적인 영향을 미쳤다. 인공지능 기술의 발전도 공안과 국방 부문의 문제 제시와 구매가 긴요한 마중물이 되고 있다. 2018년에는 선전시가 1만 6000대에 이르는 모든 시내버스를 전기차로 운영할 수 있을까라는 도전적 문제를 내면서 전기 버스 제작사들에게 귀중한 테스트베드를 제공했고,[7] 그 힘에 기대어 기술력을 키운 중국의 전기 버스는 어느새 한국 시장에서도 무시 못 할 점유율을 차지하고 있다.

선진국 정부가 공공의 문제를 선도적으로 제시하고 민간의 해법을 세금으로 구매하는 것은 혁신 기술의 탄생 비밀과 관련이 있다. 혁신적인 기술은 첫 번째 버전을 만들어 적용하고 다시 두 번째 버전으로 개선해 나가는 스케일업 과정, 즉 치열한 축적의 과정을 거쳐야 탄생한다. 여기에 들어가는 비용과 위험을 모두 감당할 수 있는 기업은 많지 않다. 정부 구매는 기업에 매출이 되는 것은 물론이고 공공 부문에 쓰였다는 인증 효과까지 더하면서 스케일업을 위한 결정적 도약대 구실을 한다. 불확실하고 도전적인 제품일수록 스케일업의 위험과 비용은 커지기 마련이다. 이렇게 민간 기업이 혁신에 뛰어들기를 주저하는 상황에서 정부 구매력의 혁신 유인 효과가 더욱 빛난다. 정부로서는 혁신적인 기술과 제품을 채택하면 국민을 위한 정부 서비스의 수준이 높아지는 데다 장기적, 구조적으로 예산을 절감하는 효과까지 있다. 또한 기후변화나 디지털 전환, 보건 문제, 교육 혁명 등 국가의 고민 속에 산업의 지형도를 바꿀 미래 기술의 싹이 숨어 있다. 이것이 기술 선진국이 정부의 구매력에 주목하는 이유다.

공공 부문이 늘 따분한 행정 처리만 한다고 생각하기 쉽지만, 기술 선진국의 정부는 국가적인 문제에 기업가 정신을 발휘한다. 민간 기업이 시장의 문제를 풀기 위해 기업가 정신을 발휘하는 것과 같다. 이 두 가지 기업가 정신이 서로 등을 받쳐 준다. 정부가 민간 영역에 직접 들어감으로써 민간을 밀어내는 것이 아니라 국가적 문제, 즉 공적인 문제에 집중함으로써 공공과 민간의 기능을 명확히 구분하는 효과도 있다. 참고로, 미국 정부의 연구 개발 투자금 중 40퍼센트 이상이 국방 부문으로 가고 30퍼센트 정도가 보건의료 몫인 것은 정부가 민간 부문의 기술 개발이 아니라 공공의 문제를 해결하는 데 집중한다는 뜻이다. 이것이 정부의 기업가 정신이 조달력을 바탕으로 기술 혁신에 기여하는 전형적인 방법이다.

우리나라도 정부의 구매력을 활용해 국민의 편익을 높이면서 새로운 산업 생태계를 만든 사례가 적지 않다. 1970년대 중반에 국민들이 전화기를 신청하고도 2~3년씩 기다리는 것이 예사였다. 이 문제를 해결하기 위한 최초의 질문으로 통신 산업의 근간인 전전자교환기를 만드는 프로젝트를 시작했다. 칠전팔기 끝에 개발된 교환기는 당시 공기업이던 한국통신이 선도적으로 구매했다. 지금은 당연하지만 당시만 해도 감격 그 자체였을 전화 신청 즉시 개통의 시대가 열리면서 통신 복지의 수준이 극적으로 높아졌다. 앞에서 본 것처럼 전전자교환기 기술은 휴대전화 산업의 성공에 결정적인 주춧돌이 되었다. 물론 이 과정에서 수많은 정보통신 분야의 기술 기업들이 탄생했고 귀한 인력도 키워졌다.

최근 바이오 기술로 친환경 제품을 생산하는 청년 벤처기업가의 이야기가 화제다. 우리나라 연안 생태계에 연간 3000억 원이 넘는 규모로 해를 끼치는 골칫덩이로, 수거해서 소각하는 데 정부 예산까지 들여야 하는 불가사리에 대해 한 벤처기업이 도전적인 최초의 질문을 던졌다. "골치 아픈 불가사리로 사회에 도움이 되는 걸 만들 수 없을까?" 해법은 예상치 못한 제품으로 등장했다. 불가사리의 뼈를 활용해 친환경 제설제를 만들었는데, 제설 성능이 뛰어날 뿐만 아니라 고질적 문제인 차량 하부 부식을 방지하는 효과도 확인되었다. 그러나 제설제의 최대 수요자인 지자체가 구매하지 않으면 그저 흥미로운 벤처 제품 중 하나로 묻힐 게 뻔했다. 다행히 혁신적인 제품을 정부 구매로 이어 주는 정책의 도움을 받아 여러 지자체에 공급할 수 있었다. 이 기업은 이제 인증 효과와 공공 매출을 바탕으로 더 수준 높은 기술에 도전하고 있다. 세계적인 친환경 화학 소재 회사를 꿈꾸는 26세 대학 휴학생인 청년 창업가의 결기가 대단하다. 국민의 세금으로 해양 환경을 보호하고, 불가사리 수거에 들어가는 예산을 절감했으며,

세계시장을 지향하는 혁신적 기술 기업의 싹이 트고, 고용까지 늘었으니 1석 4조 이상의 효과를 거둔 셈이다.

이와 비슷한 예를 들자면 끝이 없다. 최근 지자체들이 폐플라스틱 분류로 애를 먹고 있다는 뉴스를 보고 떠오른 생각이 꼬리를 물고 이어졌다. 지자체가 '인공지능으로 플라스틱의 종류를 자동으로 인식하고 처리할 수 있는 로봇 시스템을 개발할 수 있는가'를 최초의 질문으로 제시하고, 이를 해결하는 기술 벤처기업에게 대가를 지불하면 어떨까? 지자체는 폐플라스틱을 효과적으로 처리해 환경보호에 도움도 되고, 단기적으로 시스템 구입 비용이 들어도 장기적으로는 예산 절감 효과가 있을 것이다. 그리고 시스템을 공급한 벤처기업은 이 사업을 통해 자신들의 기술을 한 번 더 스케일업할 수 있게 된다.

사실 중소기업이나 벤처기업을 돕기 위해 연구 개발 자금을 지원하고 고용 보조금도 주지만, 물건을 사는 것만큼 긴요한 지원은 없다. 물건을 팔 전망이 없는데 연구 개발 자금을 준다고 해서 기술 개발에 나설 기업은 많지 않다. 과거 한국의 산업 정책은 추격에 유리한 특정 산업을 정부가 지정하고, 기술·자금·공장 부지같이 필요한 것을 기업에 직접 자원하는 방식이었다. 빠른 추격의 시대, 그 어느 국가보다 성공적인 결과를 얻었다. 그러나 이제 기술혁신을 위해 정부와 기업의 협력 방식도 선진국형으로 바뀔 때가 되었다. 정부가 기업의 일은 기업이 잘하도록 맡겨 두고 원활한 기업 활동을 위한 환경을 제공하는 한편 국가적 도전 과제와 공공 서비스 혁신의 고민이 담긴 미래 지향적이고 도전적인 질문을 던지는 데 집중해야 한다. 그리고 기업은 질문의 해법을 찾기 위해 혁신적인 기술로 치열하게 경쟁한다. 이 과정에서 자연스럽게 미래 산업의 싹이 움트게 해야 한다. 정부의 문제 제시와 민간의 해법 제시를 이어 주는 결정적인 고리가 바로 정부의 구매력이다.

국가의 문제 제시 역량

현대사회를 규정하는 인터넷은 어떻게 탄생했을까? 1960년대 초 미국 랜드연구소의 연구원이던 폴 배런이 최초의 도전적 질문을 던졌다. "분산되어 있는 컴퓨터들을 연결할 수 있을까?" 그리고 방위고등연구계획국의 전신인 고등연구계획국(ARPA)과 국방부의 주도로 1969년에 아파넷이라는 컴퓨터 네트워크를 형성하는데, 이것이 오늘날 인터넷의 원형으로 불린다. 초기에는 국방 관련 연구를 수행하는 연구소와 대학을 연결하기 위한 것이었다. 냉전 상황에서 언제 있을지 모를 적의 공격으로부터 통신망과 기밀 자료를 보호하려는 뜻도 있었다. 네트워크 참여자 수가 차츰 늘었고, 1982년에 수많은 네트워크 참여자들 간 소통을 표준화하기 위해 TCP/IP라는 아파넷상 통신 규약을 만들었다. 1983년에는 민간의 수요가 클 것을 감안해 군사용 네트워크인 밀넷(MILNET)을 독립시킨 뒤 아파넷을 민간에 공개했다. 인터넷이 세상으로 나온 것이다.

1989년에 유럽 원자핵공동연구소(CERN)에서 일하던 팀 버너스리가 네트워크상에서 공통으로 쓸 수 있는 표준 문서 형식과 함께 이문서가 다른 문서와 연결되며 정보가 검색되는 체제를 제안했다. 월드와이드웹(www)의 출발이다. 1993년에 마크 앤드리슨과 에릭 비너가 웹 문서를 탐색할 수 있게 검색된 정보를 우선순위에 따라 화면에보여 주는 소프트웨어 모자이크 브라우저를 만들고 다음 해에 넷스케이프로 발전시켰다. 이때부터 인터넷이라는 개념이 우리 생활을 파고들기 시작했고, 1997년에는 오늘날 압도적 제국이 된 구글이 출발을 알렸다.

거대한 기술적 변혁의 시작은 정부 기관인 ARPA의 단순하지만도전적인 최초의 질문이었다. 국방 관련 기관으로서 기밀 자료 보호가 주요 관심사였지만, 컴퓨터의 연결이라는 최초의 질문에 담긴 비전과 지향은 지금도 살아 있다. 이렇게 패러다임 전환에 해당하는 기술혁신에는 거의 예외 없이 그 첫머리에 공적인 문제를 고민하는 국가의 도전적 질문이 있다.

나는 가끔 시간이 날 때 미국 중소기업기술혁신연구(SBIR) 웹사이트를 방문해서 공개된 문제를 둘러본다. SBIR은 미국 정부의 각 부처와 공공 기관에서 해답을 찾고 싶은 최초의 질문을 올리고, 이 공공의 문제를 푸는 기업에 지원금을 주는 중소기업 지원 프로그램의일종이다. 3단계까지 버전을 올린 결과 성공했다고 판정되면 정부가 구매하기도 하고, 정부 구매의 필요성이 사라지면 민간투자를 받을 수 있도록 연결해 준다. 내가 둘러보는 공개된 문제의 창고에 있는 기출문제가 1만 5000개도 넘는다. 이 문제들을 보면 최근 기술 추세를 알게 되는 한편 공공 부문의 문제 제시 역량이 기술혁신에서 얼마나 중요한 구실을 하는지 몸으로 느낄 수 있다. 이 웹사이트에 올라와 있지 않은 문제도 많고 SBIR을 거치지 않는 기관별 사업도 많아 미국 혁신 생태계 전반에서 공공 부문이 출제자로서 중요한 구실을 하는 것이 잘 보인다.

문제를 잘 제시하려면 어떻게 해야 할까? 무엇보다 공공의 문제에 대한 해법을 더 혁신적인 방법으로 찾아보겠다는 기업가적 발상이 필요하다. 또한 수준 높은 문제를 제시하기 위해 공공의 문제와 기술 트렌드에 정통한 '기술정보국' 기능이 있어야 한다. 우리나라에도 공공의 문제에 대해 도전적 질문을 제기할 수 있는 인재들이 있고, 기관도 적지 않다. 안타깝게도, 도전적인 최초의 질문을 던지라는 소임이 그들에게 주어지지 않은 것이 문제다.

수준 높은 질문을 키우는
제조 역량

제조업은 혁신적 질문의 모판

몇 년 전 조선 산업이 한창 어려울 때 울산에 있는 한 중소기업을 방문했다. 축구장만 한 현장에 사람이 드나들 정도로 큰 강관 파이프들이 몇 군데 펼쳐져 있었다. 평소 100여 명이 시끌벅적하게 일하던 곳에 딱 한 사람이 용접 불꽃을 튀기고, 사장의 한숨 소리는 길었다. 이 공장 주변에 문 닫은 회사가 즐비한 가운데 임대 광고가 붙어 있는 불 꺼진 공구상이 눈길을 끌었다. 제조 현장은 홀로 돌아가지 않는다. 공구상도 있어야 하고, 재료 납품 회사와 고객사도 있어야 한다. 인력은 물론이고 연구소, 은행, 운송 회사도 있어야 한다. 이들이 서로 모여 생태계를 형성하는데, 문 닫는 제조업체가 하나둘 생기면 공구상이 문을 닫듯 생태계에 구멍이 나기 시작한다.

제조업 생태계가 무너지는 것은 한순간이지만, 다시 만드는 데는 그 전보다 몇 배의 힘이 든다. 그래서 제조 현장은 단지 뭔가를 만드는 곳이 아니라 여러 산업 활동이 어우러지는 산업 생태계의 주춧돌이다. 연구 개발, 설계, 디자인, 마케팅 등 소위 선진국형 기술 집약적 고부가가치 서비스 산업도 서비스를 적용할 제조업이 없이는 존재하지 못한다.

제조업은 기술 혁신을 위한 지식 축적의 기반으로서도 중요한 구실을 한다. 지난 10년 넘게 미국 산업의 최대 고민은 제조 현장이 사라지면서 혁신 역량도 따라 없어지는 이중 공동화 현상이다.[8] 예를 들어, 세계 3위 파운드리 업체인 미국 글로벌파운드리가 2018년에 7나노공정 건설을 포기하면서 미국의 반도체 디자인 설계 역량까지 떨어졌다는 것이다. 그래서 제조 기반을 국가의 혁신 공유재라고도 한다. 기술 선진국들이 제조 역량 강화를 산업 경쟁력 정책의 핵심으로 보는 것도 이 때문이다.

2021년 6월 4일, 백악관이 「미국의 공급망 회복력 구축과 제조업 활성화」라는 보고서를 발표했다. 미국의 대중국 전략을 종합한 것으로 알려지면서 국제적 관심의 대상이 된 이 보고서는 2021년 2월에 바이든 대통령이 행정명령으로 긴급 검토를 지시한 끝에 나온 결과물이다. 삼성이 35회, 중국이 458회 언급된 문제의 그 보고서다. 미국의 안보와 경제의 운명이 걸린 반도체, 배터리, 희토류, 제약 등 네 분야의 가치사슬에서 미국 제조업의 취약점을 확인하고 정책 방안을 제시했다. 그러나 이 보고서의 핵심은 미국이 건국 이래 일관되게 유지해 온 제조업 강화 전략이라는 큰 틀에서 더 잘 보인다.

미국은 전통적으로 안보를 국가의 최우선적인 과제로 여기며 강한 제조업이 바로 안보의 초석이라고 생각해 왔다. 이런 국가 전략의 틀을 만든 사람이 알렉산더 해밀턴이다. 해밀턴은 미국의 초대 대통령 워싱턴을 도와 초대 재무장관을 맡으면서 현대 미국 자본주의 시장경제 체제의 근간을 놓은 것으로 인정받고 있다. 대통령이 아닌 인물로는 유일하게 지폐(10달러)에 새겨졌을 정도다. 강력한 연방주의자인 그는 토머스 제퍼슨과 사상적으로 대척점에 있었다. 제퍼슨이 자유, 자치, 인권 등 당시 진보적, 분권적 생각을 대표한 반면 해밀턴은 강력한 연방의 힘이 있는 미국을 꿈꾸었다. 해밀턴은 국가경제주의라고 할 만한 생각을 전파하면서 정부가 국가적 관점에서 산업 진흥을 위해 할 일이 있다고 주장했다.[9] 그가 주장한 관세의 전략적 활용, 보조금 지급을 통한 산업 진흥, 발명의 장려 등 다양한 정책이 당시 산업혁명의 후발 주자였던 미국이 추격의 발판을 마련하는 데 결정적으로 기여했다고 평가받는다. 따라서 그의 정책은 후발 추격국들의 벤치마킹 대상이 되었다. 1960년대부터 시작된 한국의 국가 주도 산업 개발 전략도 따져 보면 해밀턴의 생각에 연이 닿아 있다. 해밀턴의 생각 가운데 가장 명확하게 정책으로 반영된 것이 제조업 육성 정책이다. 해밀턴은 1791년 미 의회에 제출한 「미국 제조업에 관한 보고서」에서 신생 국가인 미국의 독립과 안보가 제조업 역량에 달려 있다는 점을 역설했다.

해밀턴은 당시 국가적으로 중요한 15개 제조업의 현황을 분석하고, 열한 가지 전략적 산업 정책의 처방을 제안했다. 보고서의 구성이나 정책 제안이 지금 봐도 전혀 어색하지 않다. 예컨대 당시 첨단 제품인 화약의 경우 완제품 수입에 대해서는 관세를 10퍼센트 물리되 원료인 초석과 황은 면제해서 국내 제조 활동을 독려해야 한다고 제안했는데, 이는 최근까지 타이완이 반도체 산업 육성을 위해 쓴 대표적인 정책이기도 하다. 2021년에 발표된 공급망 재편 보고서의 의미를 전한 외국 언론의 논평에 '해밀턴의 부활'이라는 표현이 자주 등장하는 것도 그의 제안이 일관되게 미국 산업 정책의 근간이 되어 왔기 때문이다.[10] 어떤 이는 미국이 산업 선진국이 된 것이 이상적으로는 자유방임과 자유무역을 표방하되 현실적으로는 제조업 중심의 해밀턴식 전략적 산업 정책을 채택한 실용적 태도 때문이라고 보기도 한다. 제조업이 예나 지금이나 국가 경제의 근간이라는 점에는 변함이 없다.

제조업이 혁신의 모판이라는 이야기를 하다 보니 지폐 계수기를 만드는 중소기업을 방문했을 때 기억이 떠오른다. 아프리카의 지폐에는 흙이 묻은 경우가 많다는 사실을 처음 알았다. 돈을 땅에 묻기도 하지만 제대로 보관할 데가 마땅치 않아 많이 오염된다는 것이다. 이 중소기업이 지폐 인식 기능을 갖춘 계수기를 수출하다 보니 아프리카에서는 흙을 비롯한 오염 물질 때문에 기계가 지폐를 구별하지 못하는 오류가 많이 생겼다. 더 정밀한 인식 기술이 필요해진 터라 주변에 있는 대학의 인공지능 분야 교수를 찾아갔고, 현재 지폐 인식 프로그램을 공동 개발하고 있었다. 이 업체 덕분에 그 교수는 인공지능 이론을 적용하면서 새로운 아이디어를 생각해 볼 기회가 생겼다. 제조업은 분명 기술의 모판이다.

기술 선진국들의 제조업 재편 전략과 한국의 기회

미국의 글로벌 산업 전략과 대외 무역 정책도 제조 역량의 글로벌 리더십 유지라는 확고한 국가 전략의 기조를 따른다. 미국은 20세기 중반까지 타의 추종을 불허하는 제조 역량으로 황금기를 누렸지만, 1970년대 일본 산업의 부상과 함께 제조 역량 상실에 대한 위기감이 싹트기 시작했다. 당시 컬러 TV, 자동차 같은 핵심 제조업에서 시작된 미·일 무역 분쟁이 안보와 직결된 메모리 반도체 산업에서 절정에 이르렀다. 1980년대 초부터 일본 기업이 반도체 시장을 석권하기 시작하고 미국의 반도체 제조 생태계가 위기에 처하자 미국이 범국가적 대응에 나섰다. 이때 '제2의 진주만 공습'이라는 말까지 나왔다. 칩 설계 보호법으로 설계 역량을 키우고 국내 생산 기반을 업그레이드하는 한편, 미·일 반도체 협정(1986)으로 일본의 부상을 적극 제어했다. 반도체 분쟁은 1994년에야 공식적으로 끝났다. 길게 보면 20년 가까이 끈질기게 진행된 기술 패권 경쟁의 본질은 미국의 핵심 제조업 기반을 지키기 위한 중·장기 전략이라는 점이다.

당시 미국이 전자 산업의 글로벌 공급망 재편을 적극 추진했는데, 그 최대 수혜국이 한국이다. 1980년대와 1990년대를 거치면서 한국은 반도체와 디스플레이 분야에서 일본의 대안적 공급자로 글로벌 공급망에 참여하기 시작했다. 전자 업계에 몸담았던 선배 엔지니어가 그때를 회상하면서 인상적인 말을 했다. "그때 미국이 이상할 정도로 쉽게 기술 이전을 해 주더라."

2008년 글로벌 금융 위기 후 미국 제조업의 생태계가 위험에 처했다는 우려의 목소리가 다시 커졌고, 오바마 정부가 '제조업 역량 강화법'(2010)으로 대응에 나섰다. 최근 미·중 기술 패권 경쟁도 미국의 제조 역량 소실에 대한 우려에서 출발했다. 그러던 차에 핵심 제조 물품의 국산화율을 70퍼센트까지 끌어올리겠다는 '중국 제조 2025 계획'이 화약고에 불을 지폈다. 결정적으로 화웨이가 대표하는 중국의 5G 굴기와 코로나 사태 속 핵심 의약품의 생산 차질이 도화선이 되었다. 5G망은 미래 사회의 모든 규칙을 지배할 플랫폼일 뿐만 아니라 국가 안보의 핵심 인프라다. 2020년에 이미 화웨이가 이동통신 장비 제조로 세계시장의 31퍼센트를 차지했는데, 미국 제조 회사들은 전무한 실정이다. 국민의 생명을 지키는 데 중요하다는 점을 말할 것도 없는 핵심 의약품 분야에서도 미국은 뛰어난 연구 역량이 있지만 원료 공급과 제조 역량 면에서 중국에 뒤지기 시작했다. 제조 역량이 뒤처지면서 기술 리더십마저 잃을지 모른다는 우려가 팽배했다.

백악관의 공급망 재편 보고서는 긴급하게 만들어진 대중국 보고서가 결코 아니다. 해밀턴 이래 제조업이 산업 생태계의 근간이라는 전통적인 국가 전략의 기조에서, 제조업 공동화가 혁신 공동화를 불러왔다는 지난 10년의 반성에 기초해 만들어진 것이다. 중국은 울고 싶을 때 뺨을 때렸을 뿐이다.

공급망 재편 보고서는 국가안보보좌관과 국가경제위원회 위원장이 공동 대표로 작성했다. 제조업의 문제를 경제를 넘어 국가의 생존이 걸린 문제로 본다는 증거다. 반도체, 배터리, 희토류, 제약의 각 장을 상무부, 에너지부, 국방부, 보건복지부가 나눠 작성하면서 범부처적으로 나섰다. 보조금, 연구 개발 투자, 교육 훈련 등 전통적인 산업 정책 수단뿐 아니라 선도 구매자로서 정부의 소임을 강조하고 있다. 배터리 제조 산업의 규모를 키우기 위해 모든 학교 버스의 전기화를 추진하는 계획이 대표적인 예다. 한국 기업을 포함한 외국 기업들의 첨단 공장 설립을 지원하는 정책도 있다. 국적을 따지지 않고 미국 내 제조 역량을 더하는 데 초점을 두겠다는 뜻이다. 2021년 11월, 삼성전자가 텍사스에 파운드리 공장을 짓겠다고 발표한 날 삼성 측 대표자와 나란히 앉았던 텍사스 주지사가 환영사에서 "생큐 삼성!"을 연신 외쳤다는데, 언론에 따라 다섯 번이라고도 하고 열 번이라고도 했다.

1990년대와 달리 세계 공급망이 극도로 분산되어 있기 때문에 미국의 공급망 전략에서 동맹 외교가 강조되는 점도 눈겨여봐야 한다. 무엇보다 미국 산업계와 여야 정치권이 합심해 이 전략을 뒷받침할 후속 법안을 잇따라 만들고 있다는 점을 기억해야 한다.

우리나라는 다행히 그동안 수많은 기술자와 기업인 들의 땀으로 세계에서 한 손에 꼽히는 제조 역량을 갖게 되었다. 감염병 대유행이라는 위기 속에 경제의 동력을 유지하는 것도 그간 키운 제조 역량 덕이다. 역사는 반복되지 않지만 일정하게 반복되는 패턴이 있다. 1990년대 세계 공급망의 판도가 흔들리는 와중에 한국이 디지털 산업에 뛰어들 수 있었듯이 지금 펼쳐지는 공급망 재편 움직임도 우리에게 다시없을 재도약의 기회가 될 수 있다. 그러나 제조업이 사라지면 기술혁신을 위한 최초의 질문도, 재도약의 기회도 함께 사라진다.

도전적 질문을
뒷받침하는 금융

말라 가는 인내 자본의 원천

한국의 자랑스러운 기술을 만들어 낸 과학기술자와 기업인 들을 만나 보면 흥미로운 소설을 읽는 기분이 든다. CDMA 개발의 지휘자, KTX의 산파, 신약 개발 개척자가 들려주는 실패와 성공의 드라마는 웬만한 무협지보다 더 재미있다. 분야가 달라도 공통점이 많은데, 그중 하나가 밑 빠진 독에 물 붓듯 성과 없이 보낸 긴 시간이다.

액정평판디스플레이(LCD)만 해도 1987년 당시 금성사가 도전적 문제를 제시하고 연구원 다섯 명이 기술 개발을 시작한 뒤 무려 8년이 지나서야 첫 제품을 출시했다. 그러고도 4년간 내리 적자를 면치 못했다. 1999년에야 처음으로 이윤이 나기 시작했으니, 무려 12년간 하염없이 투자만 했다. 한국 산업을 대표하는 반도체도, 개발도상국으로서 처음 개발한 가솔린 엔진도 10년 가까이 소득 없이 돈만 들어가는 암흑기가 있었다. 그 기간 동안 좌불안석 진땀 흘렸을 기술자들의 심정이 오죽했을까? 옛날이나 지금이나 모든 성공한 혁신의 이면에는 예외 없이 이런 혹독한 시련의 시간이 있다. 기술자들의 노력도 눈물겹지만, 그 지난한 스케일업 과정을 뒷받침해 준 참을성 있는 돈, 즉 인내 자본이 없었다면 이런 감동적인 시도 자체가 이어질 수 없었을 테고 한국은 여전히 봉제 인형을 수출하는 저개발 국가였을 것이다.

인내 자본은 혁신이 가져올 미래 수익의 가능성을 믿고 투자된 자본을 말한다. 지금 돈을 많이 버는 사람이 아니라 미래에 돈을 많이 벌 것 같은 사람을 믿고 기다리면서 투자하는 돈이다. 크리스토퍼 콜럼버스가 대서양 항해 자금을 구할 때 스페인의 이사벨 여왕과 페르난도 2세가 이 항해가 '성공한다면' 가져다줄 미래 수익을 기대하고 투자한 자금이 바로 인내 자본이다. 인내 자본은 모든 최초의 질문이 혁신적 기술과 신산업으로 성장해 나가는 데 없어서는 안 될 자양분이다. 미래의 불확실한 혁신의 성과가 바로 인내 자본의 담보물이다. 자본주의 체제에서 돌아다니는 투자 자금은 기본적으로 미래 기대 수익에 기반을 둔다. 그래서 자본주의 체제를 미래지향적이라고 하는 것이다.

과거 한국 산업 기적의 이면에는 나름의 인내 자본이 있었다. 수익을 낸 계열사가 미래 씨앗 사업에 투자하느라 적자 상태를 못 벗어나는 계열사에 자금을 교차 지원했다. 정부도 차관과 은행 저축을 이런 미래 투자에 선택적으로 몰아주었다. 심지어 국민도 애국심 하나로 비싼 국산품을 사 주면서 신산업이 버틸 수 있도록 인내 자본을 제공했다. 그러나 모두 지나간 이야기로 지금 현실에는 맞지 않는 방식이다. 추격의 시대에는 선진국의 발자취를 참조해 추격하기 좋은 산업을 선택한 뒤 국가적으로 자원을 몰아갈 수 있었지만, 우리는 이미 그 단계를 지났다. 이제 선진국과 같은 눈높이에서 아무도 답을 모르는 최초의 질문을 던지면서 혁신적 개념설계에 도전해야 하는 단계에 이르렀다. 지금껏 겪어 보지 못한 불확실성과 시행착오를 뚫고 나가야 하니 지금만큼 인내 자본이 절실한 때가 없다. 그러나 안타깝게도 한국의 혁신 생태계에서 인내 자본의 원천이 마르고 있다.

가장 확실한 인내 자본은 당연히 기업이 스스로 번 돈이다. 그러나 최근 영미식 주주 자본주의의 득세로 자사주 매입과 배당 확대 등 이익 분배가 강화되면서 장기적 투자 여력은 쪼그라들고 있다. 자사주를 매입하고 소각하면 경영진과 대주주들은 혜택을 보지만, 새로운 기술에 도전하는 프로젝트들은 재검토 대상이 된다. 배당도 마찬가지다. 2020년 상장사 전체를 볼 때 총 34조 원이 넘는 배당을 했고,[11] 주가 대비 배당 비율은 이미 미국·프랑스·중국의 수준을 넘어섰다. 게다가 배당 금액의 40퍼센트인 14조 원은 단기 투자 성향이 높은 외국인 투자자의 주머니로 들어가 해외로 빠져나갔다. 도전적인 미래 투자의 위험을 분산하는 것이 금융의 본래 기능인데, 어느덧 주객이 전도되어 금융의 단기적 이익 추구 논리가 실물의 혁신 투자를 옥

죄는 상황에까지 이르렀다. 진정한 주주 친화 정책은 새로운 질문을 던지면서 기술혁신의 싹을 키우고, 그럼으로써 기업의 본원적 가치를 올리는 데 있지 내년에 심어야 할 씨감자까지 나눠 주는 것이 아니다.

주로 주식시장을 통해 자금을 조달하는 영미식 체제와 달리 한국은 은행이 인내 자본의 주된 조달 창구였다. 그러나 2800조 원이 넘는 자산을 가진 국내 시중 은행들이 그 구실을 제대로 하고 있는지에 대한 비판이 적지 않다. IMF 통계 자료로 계산해 보면 은행권 대출 가운데 기업 대출 비율이 영미권 국가를 제외하면 OECD 국가 가운데 가장 낮고, G7 국가와 비교해도 마찬가지다. 은행 수익의 80퍼센트 이상을 안전한 이자 수익에 의존하는 현재 관행에서는 적극적으로 위험을 분담하는 인내 자본을 기대할 수 없다.[12] 은행이 기업의 혁신적 프로젝트를 평가할 수 있는 역량이 부족하니 쉬운 담보 대출로 눈을 돌리는 악순환이 계속되고 있다.

실리콘밸리를 모범 삼아 벤처캐피털이 인내 자본의 한 축으로 등장했다. 2020년 한 해 동안만 4조 3000억이 투자되어 성장세를 자랑하지만, 아직 인내 자본이라고 불리기에는 갈 길이 멀다. 선진국 벤처캐피털과 비교하면 펀드의 존속 기간이 7년 내외로 짧은 데다 단기 회수를 목표로 한 투자가 많다. 벤처 붐 덕에 우수한 인력이 투자 심사 역으로 유입되고 있지만, 아직까지 기술의 잠재력을 평가할 역량과 경험이 충분하지 않아 유망하다는 분야에 남 따라 투자하는 쏠림 현상도 반복되고 있다. 구글벤처스나 GE벤처스와 같이 대기업의 자금을 벤처기업 성장의 마중물로 끌어낼 수 있는 기업벤처캐피털 (CVC)도 여러 가지 제도적 장벽과 대기업의 확장에 대한 부정적 인식 탓에 큰 구실을 못 하고 있다.[13]

인내 자본을 확보하는 것만큼 국가의 손길이 긴요한 분야가 없다. 최초의 질문이 도전적일수록 이익이 나기까지 오래 걸리고 실패의 위험도 크다. 따라서 민간 금융시장의 의사 결정에만 기댈 경우 인내 자본은 항상 필요한 수준보다 적게 공급될 수밖에 없다. 이른바 시장

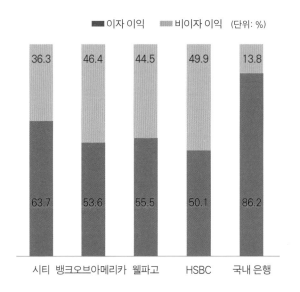

자료: 국내 금융기관 업무 보고서 · 각 은행 연차 보고서

주요 해외 · 국내 은행의 수익 구조

의 실패가 발생하는 대표적인 영역이다. 모든 선진국이 인내 자본이 충분히 공급되도록 금융 제도를 정비하고, 부족한 부분을 채우기 위해 막대한 공적 재원을 직접 투입하는 것도 이런 이유에서다.

오늘날 세계적 기술 기업들이 내놓는 혁신적 개념설계는 대부분 다양한 공적 인내 자본을 모판 삼아 탄생한 것들이다. GPS와 인터넷, 인공지능 비서 시리, 터치스크린 같은 애플 아이폰의 핵심 기술은 40년 이상 미국 정부가 인내 자본을 투자해서 싹틔웠다. 스페이스X의 스케일업 과정에서도 미국 정부의 조달 계약이 인내 자본으로서 결정적인 구명줄 구실을 했다. 선진국뿐만이 아니다. 중국은 정부의 직접적인 재정 지원뿐 아니라 공상은행을 비롯한 국영 은행의 자금과 정부 조달의 힘을 총동원하며 국가적 차원에서 인내 자본의 화수분 구실을 노골적으로 자임하고 있다.

한국 산업의 인내 자본을 위해 국가적으로 가다듬어야 할 과제가 적지 않다. 우선 제도적으로 인내 자본이 커지도록 금융 환경을 만드는 일이 시급하다. 주식시장에서 단기적 이익 배분이 아니라 장기적 혁신에 투자하는 것이 더 큰 이익이 되도록 장기 보유에 대한 인센티브를 획기적으로 강화해야 한다. 또한 은행권으로부터 혁신 기업에 더 많은 인내 자본이 흘러들어 가도록 제도를 다듬어야 한다. 금융 당국의 은행 평가 기준을 은행이 제공한 인내 자본의 규모와 연계하는 일도 그중 하나다.

우리나라 벤처 투자 생태계에서 정부 자금은 절대적인 비중을 차지하고 있다. 안타깝게도 단기적인 정책 성과에 대한 압력 때문에 정부 투자분마저 인내 자본으로서 제구실을 못 하고 있다. 최소한 정부 지원이 들어간 경우에는 더 도전적인 프로젝트에 투자하고 더 오래 버티도록 정책 성과 평가의 기준과 행동 지침을 가다듬을 필요가 있다.

국가는 국민의 세금으로 이미 막대한 인내 자본을 직접 투자하고 있다. 연구 개발 보조금을 주고, 산업은행을 통해 정책 금융을 제공하며, 기술력을 담보로 은행 보증을 대신 서 주기도 하고, 정책 펀드를 조성하기도 한다. 혁신 기업의 제품을 직접 구매해서 매출을 지원하는 혁신 조달도 인내 자본으로서 중요한 구실을 한다. 정부가 어떤 형식으로든 인내 자본을 공급할 때는 국민을 대리해 한국의 미래 기술에 대한 전망을 명확히 하고, 바로 돈이 되는 기술이 아니라 최초의 질문을 바탕으로 미래 혁신 기술의 옵션을 많이 만들어 내는 데 집중해야 한다. 정부가 민간 전문가와 넓고 깊게 소통하고 공부하면서 더 명민해져야 하는 이유다.

2017년 영국에서는 정부가 산업계와 머리를 맞대고 '인내 자본 리뷰'를 발표하고 인내 자본을 늘리기 위한 종합적인 국가 대책을 내놓았다.[14] 우리도 늦지 않게 산업계와 정치권, 정부가 합심해 한국 혁신 생태계의 인내 자본 현실을 진단하고 국가적인 대책을 마련해야 한다. 기술혁신의 과정은 오아시스가 있으리라는 한 가닥 희망을 품고 기약 없이 사막을 헤매는 것과 조금도 다르지 않다. 인내 자본이라는 생명수가 없으면 아무도 사막을 건너지 못한다.

좀비기업인가, 씨앗기업인가

2022년 초 도요타자동차 회장이 야심 차게 전기차 계획을 발표했을 때 나를 포함해 많은 사람과 외신의 전문가 들이 놀랐다. 다른 자동차 회사들이 출발한 게 벌써 몇 년 전인데, 이제야? 노키아가 스마트폰 트렌드를 놓치고 사라져 간 과정의 데자뷔라고 말하는 산업 전문가들도 있었다.

일본의 산업 생태계가 혁신이 사라진 죽음의 바다처럼 변한 것은 어제 오늘의 일이 아니다. 정확히는 1990년대 '잃어버린 10년'이라는 표현이 생길 때부터다. 어느새 햇수가 늘어 잃어버린 30년을 넘겼다. 2021년 세계지식재산기구(WIPO)의 글로벌 혁신 지수 평가에서 한국이 5위(아시아 1위)를 기록할 때 일본은 13위(아시아 4위)였다.[15] 손정의 소프트뱅크 회장이 일본의 미래가 인공지능에 있다고 그렇게 외쳐도 아직 팩스와 도장이 돌아다닐 정도로 기술 패러다임 전환이 더디다. 이렇게 산업 생태계가 활력을 잃게 된 배경에는 좀비기업이 있다.

일본은 1990년대 거품이 꺼지면서 부실기업이 속출했으나 단기적인 충격을 걱정한 정치권과 정부가 공적 자금과 금융 지원을 쏟아부어 무차별적으로 기업 구제에 나섰다. 경쟁력 없이 정부 지원만으로 겨우 명맥을 유지하는 좀비기업이 속출했고, 이에 대응해 지금까지 스무 번 넘게 경기 부양책을 쏟아부었지만 좀비기업들을 존속시키는 진통제 구실만 했다. 새로운 기업과 혁신 투자로 가야 할 자금을 한없이 빨아들이는 블랙홀이 된 것이다. 이때부터 일본의 산업 생태계는 혁신적 도전과 창업의 무풍지대로 변해 갔다.

혁신이 가득 찬 활발한 산업 생태계의 비밀은 알고 보면 너무 단순하다. 경쟁력 없는 기업이 사라지고, 혁신적인 기술과 비즈니스 모델로 도전하는 새로운 기업이 기회를 갖는 신진대사가 핵심이다. 이 진입과 퇴출, 즉 창조와 파괴의 원리가 원활하게 작동하지 않으면 인체와 마찬가지로 산업 생태계가 성장을 멈춘다.

좀비기업은 경쟁력이 없어 사실상 퇴출당했어야 하지만 정부 지원 덕에 겨우 명맥을 유지하는 기업이다. 다시 말해, 도전적인 최초의 질문을 제기하기는커녕 정상 기업에서 쓰여야 할 인력과 자본을 붙잡고 있는 기업이다. 게다가 저품질·저가 수주 등으로 시장 경쟁 질서를 해쳐 동종 업계의 건강한 기업마저 좀비화하고, 결과적으로 산업 전반의 생산성을 떨어트린다. 좀비기업으로 나간 부실 대출은 금융권의 부실로 번지고, 정상 기업이나 새로 창업하는 혁신 기업에 갈 자금을 말려 버린다. 결국 좀비기업은 산업의 혁신 기반을 황폐화한다.

어떤 기업이 좀비기업인지에 대해 국제적으로 합의된 기준은 없다. 우리나라에서는 좀비기업 대신 한계기업이라는 표현을 쓰는데, 대체로 이자보상배율이 1보다 낮은 상태, 즉 영업이익으로 이자를 감당하지 못하는 상태가 3년 이상 이어지면 한계기업으로 분류한다. 금융권을 포함한 산업 정책 담당자들은 이렇게 정의된 한계기업의 수와 비중을 보면서 구조조정이 얼마나 시급한지를 판단한다. 우리나라의

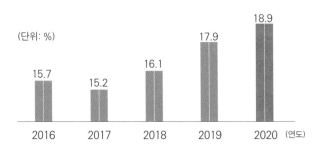

자료: 전경련(2021년 9월 기준)

2016~2020년 한계기업 비중

한계기업 실태는 걱정스러운 수준이다. 한국은행을 비롯한 관련 기관의 조사에 따르면 조사 대상 기업의 기준에 따라 수치가 조금씩 다르긴 해도 2020년 기준으로 대개 15~20퍼센트 수준으로 나타나고 있다. OECD 국가 중 네 번째로 비중이 높다는 분석 결과도 있다.[16] 한계기업의 비중은 코로나 위기로 갑자기 늘어난 것이 아니라 지난 10년간 조금씩 증가해 왔다는 점에서 더 걱정스럽다. 우리 산업 생태계의 신진대사 속도가 지속적으로 떨어지면서 일본화하는 전조증상일 수 있기 때문이다.

코로나 사태는 이 중·장기적인 위기의 덤불에 불쏘시개 구실을 하고 있다. 지난 2년간 저금리 기조에 더해 기업을 대상으로 한 직접적인 정부 재정 지원이 크게 늘었다. 여기에 금융 지원 차원에서 만기를 연장해 주거나 원금과 이자 상환을 유예하는 조치까지 더해지면서 한계기업의 수가 빠르게 증가하고 있다. 이미 금리는 오르기 시작했고 각종 정부 지원과 금융 지원까지 점차 줄여야 할 텐데, 그 결과로 부실기업이 속출할 것이다.

지금부터 선제적이고 과감한 구조조정을 준비하고 실행에 착수하지 않으면 경기가 회복된다고 해도 기업들은 부채를 갚느라 미래를 위한 투자는 엄두도 못 내고 성장 잠재력의 불꽃은 시나브로 사그라질 것이다. 구조조정은 미룰수록 문제가 더 커지고, 나중에는 일본처럼 정부 지원이라는 진통제 처방을 끊을 수 없는 단계에 이르게 된다.

그러나 구조조정을 할 때 재무제표상 수치에 근거해 한계기업의 딱지를 붙이고 무차별적으로 퇴출시키는 것은 알면서도 모르는 척 막연히 미루는 것만큼이나 위험한 일이다. 성공한 혁신 기업가의 이야기를 들어 보면 예외 없이 좀비처럼 어렵던 시절이 있다. 세상을 바꾼 기업가 가운데 처음부터 끝까지 내내 꽃길만 걸은 사람은 아직 보지 못했다. 이들이 자신의 기억을 왜곡하는 게 아니라 사실이 그렇다. 혁신적 기술과 제품, 기업이라는 결과는 시행착오를 먹고 자란 과실이기 때문이다. 애플이나 구글뿐 아니라 한국의 반도체와 배터리, 해양 플랜트 등 어떤 혁신 제품과 기업의 역사를 보아도 모두 좀비 시기가 있었다. 재무제표상 한계기업으로 분류된 기업에는 상업화 직전 죽음의 계곡에서 고전하는 혁신 기업, 창업 단계는 성공했으나 다음 단계로 올라가지 못해 성장통에 빠진 도약 기업, 혁신적 기술이 시장의 평가를 제대로 받지 못해 어려움을 겪는 미래 기업 들이 섞여 있다. 이들은 도전적인 최초의 질문을 안고 언젠가는 결실을 보리라는 희망 하나로 시행착오를 버텨 내고 있는 흙 속의 씨앗기업이다. 고유한 질문이 없고 근본적으로 경쟁력이 낙후된 좀비기업이 아니다. 한계기업에는 씨앗기업이라는 옥(玉)과 좀비기업이라는 돌[石]이 섞여 있다.

선제적 구조조정 대상은 한계기업 전부가 아니라 그중 구조적으로 경쟁력이 떨어지는 좀비기업이다. 재무제표상 한계기업이지만 미래의 꽃이 될 씨앗기업들을 어떻게 선별해서 지원하고 살릴지가 스마트한 구조조정 전략의 핵심이다. 저마다 어려움을 호소하면서 구명줄을 기다리는 기업들을 앞에 두고 좀비기업인지 씨앗기업인지를 구별하기란 분명 쉬운 일이 아니다. 산업과 혁신 과정에 대한 전문성을 바탕으로 재무제표 이면의 잠재력을 평가할 수 있는 역량이 무엇보다 중요하다. 기업의 혁신적 시도를 평가해 본 시행착오 경험도 체계적으로 쌓고 활용해야 한다. 금융권에 만연한 순환보직 체제로는 이런 축적된 역량을 갖기 힘들다. 또한 산업과 기술 전문가의 의견을 구하는 임시방편으로 해결될 문제가 아니다. 지금부터라도 금융권 전반이 산업과 기술에 대한 전문적 역량을 가질 수 있도록 획기적이고 조직적인 전략을 마련해야 한다. 한계기업 지원을 담당하는 정부 기관의 좀비기업과 씨앗기업 식별 역량을 끌어올리는 노력도 미룰 수 없다.

무차별적으로 지원하며 구조조정을 자꾸 미루는 데는 금융권의 식별 역량 부재라는 문제와 함께 좀 더 근본적인 이유가 있다. 바로 구조조정이 낳을 실업 문제에 대한 우려다. 그러나 좀비기업의 퇴출로 줄어드는 일자리보다 좀비기업이 존속해서 생겨나지 못하는 새로운 일자리를 더 걱정해야 한다. 실업이 걱정이라면 좀비기업의 수명을 연장하는 데 들어갈 돈으로 구조조정 과정에서 생겨나는 잠재적 실업자와 전직자 등 노동자를 더 두텁게 지원하는 것이 올바른 전략이다. 좀비기업은 구조조정을 하되 사람을 살려야 한다. 핀란드의 노키아가 망하고 나서 벤처 생태계가 오히려 더 활성화된 것도 실업자 지원과 교육 훈련, 창업 지원 등 사람에 대한 안전망이 잘 갖춰져 있었기 때문이다.

구조조정을 미루는 또 다른 근본적인 이유는 기업 구조조정이 정치인이나 정책 담당자로서는 비난받기 좋은 주제라서 모두 회피하고 싶어 한다는 데 있다. 퇴출 위기에 놓인 기업과 노동자 들은 반대의 목소리를 높이지만, 아직 태어나지 않은 혁신 기업과 새로 생기는 일자리의 노동자 들은 목소리 자체가 있을 수 없다. 그래서 모두 임기 밖으로 폭탄 돌리기를 하거나 오히려 정부 보조나 금융 지원을 늘리는 대중 정책을 중독된 듯 끊임없이 내놓게 된다. 일본의 잃어버린 30년 동안 산업 생태계 자체를 혁신이 사라진 죽음의 바다로 만든 바로 그 패턴이다. 구조조정을 서둘되, 최초의 질문을 품은 씨앗기업을 살리는 것이 더 늦출 수 없는 우리의 임무다.

성장의 문화

기술 선진국의 문화적 인프라

2년 전 브라질의 한 도시에서 기술 혁신 전문가들이 모인 국제 콘퍼런스가 열렸다. 주최 측 요청대로 한국의 기술 발전 과정과 현재의 고민에 대해 발표한 직후, 장관을 역임하고 세계은행 부총재까지 지낸 브라질의 저명인사가 손을 들었다. 그리고 내 발표 내용에 자신이 본 한국의 성장 비결을 덧붙인 뒤 강연장을 가득 메운 브라질 젊은이들을 향해 한국을 배워 브라질에 변화를 일으켜야 한다고 열변을 토했다. 조국을 생각하는 노학자의 간절한 호소에 가슴이 뭉클했다. 한편으로는 내심 과연 밖에서 보는 것만큼 한국 산업이 앞으로도 잘 해낼 수 있을지 걱정스럽기도 했다.

브라질과 한국의 1인당 국민소득 추이를 보면 1980년대 이후 마치 나뭇가지가 갈라지듯 아래위로 크게 벌어진다. 아래쪽에 있는 나라로서는 분명히 안타까운 일이다. 어떻게든 그 원인을 알아내고 격차를 줄일 고민을 하는 것이 당연하다. 역사적으로 이보다 더 큰 규모의 분기가 200년 전, 즉 1820년에 나타났다. 서구와 비서구 국가 간 소득과 삶의 질 차이가 본격적으로 벌어지기 시작한 때인데, 워낙 지구적으로 일어난 현상이라 흔히 '대분기'라고 부른다.[17] 당시 윗길을 탄 나라는 지금도 선진국이고, 아랫길에 있던 나라는 지금도 후진국이거나 기껏해야 개발도상국에 머무르고 있다.

서구 선진국과 그 밖의 개도국이 갈라진 대분기의 원인에 대해 많은 논의가 있었지만, 대체로 제도적 차이 때문이라는 의견이 많다. 사유재산권의 보호를 포함한 자본주의 제도와 민주주의 체제가 도입

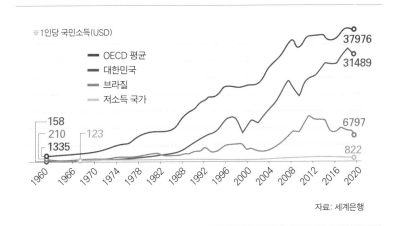

후진국에서 선진국으로 뛰어오른 한국의 성장곡선

된 나라들이 선진국이 되었다는 주장이다.[18] 그러나 이 설명은 완전하지 못하다. 중국의 최근 발전상에서 보듯 억압적 시장 제도하에서 성장한 사례가 있다. 인도처럼 외형적으로 민주주의 체제를 완벽하게 갖췄으나 발전하지 못한 곳도 있다.

그렇다면 대분기를 만든 결정적 원인이 뭘까? 겉으로 드러난 제도 이면에 있는, 도전적 질문을 장려하고 시행착오를 지지하는 미래지향적 문화가 핵심이다. 대분기의 기초가 된 17세기 과학혁명의 역사가 이를 잘 말해 준다. 튀코 브라헤, 요하네스 케플러, 갈릴레오 갈릴레이, 뉴턴을 거쳐 이루어진 천문학의 혁명과 만유인력의 발견이 고대 사람들의 이야기와 다른 방식의 세계관이 존재할 수 있다는 것을 보여 주었다. 게다가 15세기부터 시작된 대항해시대에 지리상의 발견도 쏟아졌다. 이 새로운 사실들이 널리 알려지면서 사람들은 그동안 진리라고 믿던 고대 성인의 책과 경전 속 이야기가 사실이 아닐 수 있고, 다른 질문이 가능하다는 점을 깨닫기 시작했다. 또한 향후에도 새로운 발견이 이어진다면 지금까지 알고 있던 지식의 경계가 미래를 향해 계속 넓어질 것이라는 진보적 사고방식을 갖게 되었다. 과거가 아니라 미래, 선대가 아니라 후대가 더 중요하다는 사고가 자리 잡은 것이다. 사실 뉴턴의 진정한 기여는 근대 산업의 과학적 기초를 놓은 데 있지 않다. 즉 경전과 고전에 있는 옛사람의 이야기를 신성시하면서 질문 자체를 가로막는 과거지향적이고 권위주의적인 사고방식 대신 알려지지 않은 미래로 도전해 나가는 것이 더 가치 있다는 미래지향적 패러다임을 심어 준 것이다.

　과학혁명이 산업혁명으로 이어지면서 시작되는 대분기의 이면에 바로 이 미래지향적 사고방식이 큰 구실을 했다. 즉 새로운 증거를 바탕으로 오늘의 지식을 쌓는 과학적 합리주의, 외부 환경에 적응하는 개방적 태도, 도전적인 기업가에 대한 사회적 존경, 과학기술 인재를 중시하는 문화 등이다. 경제사학자 조엘 모키어는 이를 종합해 '성장의 문화'라고 요약했다.[19]

　성장의 문화라는 유전자가 혁신 활동을 뒷받침하는 제도로 표현된 것이 슘페터의 시각으로 해석된 현대의 자본주의 시장경제 체제다. 미래를 지향하는 기업가 정신, 자본의 축적과 재투자를 진작하는 기업 제도, 혁신 활동을 뒷받침하는 금융시장, 산업 생태계의 창조적 파괴를 촉진하는 시장 경쟁 제도, 지식 활동을 장려하는 특허제도, 사회적으로 지식을 축적하고 전수하는 인재 육성 시스템, 다양한 아이디어의 원천을 접하도록 자극하는 개방적 무역 체제 등이 그 예다.

　대분기와 관련해 가장 많이 언급되는 반대의 예가 19세기 중국의 몰락이다. 중국은 화약과 종이, 나침반이라는 중요한 발명의 원천이었지만 성장의 문화를 갖추지 못해 대분기의 아랫길을 걸었다. 15세기 명 대에 아프리카까지 이르렀던 정화(鄭和)의 대원정(1405~1433)에서 알 수 있듯 한때 놀라운 탐험 정신과 개방성이 있었으나, 그 후 정치적인 이유로 200년 이상 바다로 나가는 것 자체를 막는[海禁] 정책을 펴면서 닫힌 국가가 되었다. 과거의 경전을 끊임없이 암기하도록 강요하는 교육과 과거제도는 지도층의 생각을 과거지향에 묶어 놓았다. 불행하게도 세계적으로 대분기의 싹이 돋아나던 당시 우리나라도 해금 정책으로 세계와 통하는 문을 닫아걸었다. 지도층은 오래전 수입된 경전을 교조적으로 암송하면서 질문을 제기하기보다 과거 성현의 말씀을 누가 더 잘 해석하는가에 명운을 걸었고, 과학기술적 탐구와 신산업 개척 같은 미래지향적 혁신 활동에 대한 제도적 인센티브는 극도로 축소되었다. 그 결과는 우리 모두가 잘 알고 있다.

한국은 지난 반세기 동안 처음으로 대분기 시대에 갈라졌던 아랫길을 벗어나 선진국에 진입한 예외적인 국가가 되었다. 1980년대 이후 한국과 브라질의 분기를 두고 브라질 노학자가 쏟아 낸 안타까운 목소리는 성장의 문화가 지금도 유효하게 작동하면서 끊임없이 새로운 분기를 만들어 내고 있다는 것을 보여 준다. 그는 열정적인 목소리로 한국에는 있었지만 브라질에 없던 것으로 해외시장에 열린 개방성, 신산업에 대한 도전 의식, 인재 육성을 위한 지속적인 투자, 기업가 정신의 존중을 꼽았다. 모두 대분기의 윗길을 탄 나라들이 공통으로 가졌던 성장의 문화와 이에 기반한 제도다.

성장의 문화 가운데 중요한 것 하나를 더 꼽자면 과학기술에 대한 사회적 신뢰다. 기술 선진국들은 과학혁명 이후 과학기술을 신뢰하기 시작했다. 칼 포퍼가 잘 설명했듯이 과학기술은 발견된 사실을 잠정적인 가설로 보고 새로운 증거를 통해 항상 파기될 수 있다는 가능성을 열어 둠으로써 발전한다. 즉 선배 과학자의 업적을 후배 과학자가 반박하고, 더 설명력이 높은 새로운 가설을 제시하면서 미래로 나간다. 반증을 허락하지 않는 종교와 다른 이 사고방식을 과학적 합리주의라고 한다. 따라서 과학자는 자신이 발견한 과학적 사실을 숨김없이 내놓고 동료들에게 엄격하게 평가받을 태도를 갖춰야 한다. 기술 선진국들이 이런 반증주의에 기반한 과학적 윤리의 전통을 300년간 쌓은 결과, 새로운 가설이 기존 설명을 끊임없이 뒤집어도 일반 시민들의 신뢰는 오히려 더 커졌다. 안타깝게도 우리나라 사람들의 과학기술에 대한 신뢰는 우려스러울 정도다. 2020년 미국 여론조사 기관 퓨리서치센터가 조사한 바에 따르면 과학기술에 대한 신뢰도 면에서 한국이 20개국 중 가장 낮았다.[20] 우리 과학기술자들이 외부의 시각이 아니라 과학적 사실을 솔직하고 분명하게 제시하고, 불변의 신념인 양 이야기하는 대신 반증 가능성에 열린 겸손한 태도를 보일 때 신뢰가 형성되고 성장의 문화에서 중요한 축을 담당할 수 있다.

성장의 문화는 대분기 시대 유럽에서 형성되었지만 유럽의 전유물이 아니다. 인류 전체가 집단적으로 발견한 성장 비법이다. 어느 국가라도 이런 문화와 제도가 있으면 최초의 질문이 여기저기에서 나오는 가운데 서로 경험을 나누면서 스케일업 할 수 있고, 결국 성장할 것이다. 한국이 그 대표적인 예다. 그러나 성장의 문화와 이를 구체화한 제도는 영구불변한 것이 아니다. 운동하지 않으면 근육이 사라지듯 가꾸지 않으면 쇠퇴한다.

질문의 스위치를 켜는 사회

게이츠, 잡스, 머스크, 브린, 제프 베이조스……. 오늘날 사람들의 생활을 지배하면서 현대 문명의 법칙을 만들어 가는 혁신적 기업가의 이름은 끝이 없다. 이런 혁신적인 기업가들은 도대체 어떤 자질을 타고나서 보통 사람의 상상을 뛰어넘는 질문을 하고 창의적인 해법을 제시할까? 어린 시절부터 천재 또는 괴짜로 불렸으니 분명히 모종의 뛰어난 자질을 타고난 것 같은데, 다른 한편으로 보면 이들이 실리콘밸리에 몰려 있다는 것도 특이하고 분명한 사실이다. 뛰어난 재질을 가지고 태어난 천재 과학자나 혁신 기업가 들이 태어나기도 전에 '나는 실리콘밸리에 태어나야지.' 하고 마음먹은 듯 보일 정도다. 그 이유가 뭘까?

본성(nature)이냐 양육(nurture)이냐 만큼 오래된 논쟁적 주제도 드물다. 다윈 이래 생물학자들뿐만 아니라 수많은 심리학자, 사회학자, 교육학자 들이 본성론과 양육론으로 갈라져 치열하게 싸웠다. 1980년대부터 꽃피기 시작한 진화발생생물학이라는 분야가 이 논쟁에 제3의 길을 제시하고 있다. 아주 간단히 요약하자면 이렇다. 생물의 유전정보에 실려 있는 것이 수많은 스위치라고 하면 정해진 조절 프로그램에 따라 특정 스위치가 켜지고 꺼지면서 세포 하나에 지나지 않던 수정체가 수조 개 세포가 있는 성체로 자라난다. 그런데 흥미로운 것은 외부환경이 이 조절 프로그램에 영향을 미쳐 특정 스위치가 켜져야 할 때

켜지지 않거나 꺼져야 할 때 꺼지지 않을 수 있다는 점이다. 그래서 우리가 무엇을 먹고 어떤 환경에서 자라는가에 따라 다르게 클 수 있다. 유전정보가 같은 일란성 쌍둥이라도 살면서 다른 질병을 겪고, 다른 재능을 보이거나 다른 직업을 갖게 되는 것도 자라는 환경이 완전히 같을 수 없기 때문이다. 타고나는 본성은 가능성으로 분명 존재하지만, 양육 환경에 따라 그 가능성이 실현되기도 하고 그러지 않기도 한다는 뜻이다. 그래서 본성과 양육의 이분법이 아니라 '양육을 통한 본성(Nature via Nurture)'[21]이라는 제3의 시각이 제시된다.

이 이야기는 혁신적 과학자와 기업가 들이 왜 기술 선진국에서만 나오는지를 비유적으로 잘 설명해 준다. 가령 과학적 호기심과 기업가적 도전의식이라는 스위치를 운 좋게 타고났어도 이 스위치를 켜 줄 환경이 조성되어 있지 않으면 탁월한 과학자와 기업가는 수면 위로 떠오르지 않는다. 기술 선진국에서는 각 사람에게 어떤 스위치가 있는지 여러모로 시험해 볼 수 있고, 그 가운데 탁월한 과학자와 기업가로서 자질이 있는 사람이 있다면 그 스위치를 켜 줄 환경이 주변에 있다.

'1만 시간의 법칙'은 자기 계발에 열심인 많은 사람들을 채찍질하는 경구 노릇을 톡톡히 했다. 한 분야에서 명함을 내밀 만한 전문가가 되려면 적어도 1만 시간을 혹독하게 훈련해야 한다는 것인데, 월요일부터 금요일까지 하루 네 시간씩 뼈를 깎는 노력을 기울여도 9.6년 동안 쉬지 않아야 1만 시간을 채울 수 있다. 엄두가 나지 않는 시간이라

며칠 만에 곧 자괴감에 빠지기도 한다. 그런데 이 법칙을 소개한 말콤 글래드웰은 한 걸음 더 나간다. 1만 시간 노력해야 전문가가 되는 것은 맞는데, 문제는 어떤 사람은 1만 시간을 할 기회가 주어져 있고 누구는 그렇지 못하다는 것이다.[22] 너댓 살짜리 아이가 운 좋게도 음악적 재능을 타고났다고 했을 때 다행스럽게도 주변에 바이올린이 널려 있고 클래식이 일상적으로 들리는 환경에 있다면 타고난 음악가로서 스위치가 켜지고 스스로 1만 시간의 길로 접어들 수 있다. 불행하게도 그 아이가 가난한 나라에 태어나 바이올린을 전혀 접해 보지 못한다면, 타고난 스위치는 켜지기를 기다려도 아이는 평생 하루 벌이에 삶을 소진하면서 살아갈 것이다. 이렇게 생각하면 골프나 테니스, 수영 등 상당한 사회적 인프라가 필요한 스포츠 분야에서 가난한 나라의 선수들을 찾아보기 어려운 것은 그들이 재능이 없어서가 아니라 그런 스포츠를 접하고 재능을 발현할 기회가 없었기 때문이다. 본성의 손이 있어도 양육이라는 다른 손이 마주쳐 주질 않으니 소리가 날 리없다. 탁월한 기업가도 그렇게 본성과 양육이라는 두 손바닥이 운 좋게 마주쳐서 탄생한다.

게이츠는 1955년에 태어났다. 1968년에 부유한 부모의 도움으로 다니던 학교에서 GE사의 최첨단 컴퓨터를 사실상 무한히 이용할 수 있는 기회를 얻었다. 당시 열세 살이었다. 컴퓨터를 접한 바로 그 순간 게이츠가 타고난 프로그래머와 기업가로서 스위치가 켜졌다. 컴퓨터에 밤낮없이 매달렸고 10대 시절을 벗어나기도 전에 이미 1만 시간을 거뜬히 채웠다. 하버드대학에 진학했지만 재미있는 컴퓨터에 더 전념하겠다는 생각으로 중퇴하고, 1975년에 폴 앨런과 마이크로소프트를 창업했다. 스무 살 때다.

1955년 당시 지구 반대편 한국에서는 전쟁이 끝난 지 2년밖에 되지 않아 먹고사는 것이 가장 큰 관심사였다. 이해 한국에 90만 8000명이 태어났다. 이들은 열세 살이 되었을 때 컴퓨터를 자유롭게 써 보기는커녕 컴퓨터란 물건을 구경도 못 했다. 이들 중에도 분명 탁월한 프로그래머로서 세상을 바꿀 스위치를 타고난 사람이 있었을 것이다. 불행하게도 그 스위치를 켜 줄 환경이 당시에는 없었다.

인도 출신 경제학자 아마르티아 센은 빈곤과 불평등에 대한 통찰로 1998년에 아시아인 최초로 노벨경제학상을 받았다. 센의 핵심적인 주장은 인간이 많이 소비할 때가 아니라 자신의 고유한 능력을 최대한 발휘할 때 행복해진다는 것이다. 가난과 불평등, 차별이 나쁜 이유는 그것이 능력을 발휘할 기회 자체를 제한한다는 데 있다. 가능성이 있는 역량의 스위치를 켜 볼 기회 자체가 주어지지 않기 때문에, 나라의 금고에 아무리 많은 달러와 금을 쌓아 놓아도 그 사회는 발전할 수 없으며 행복해지지도 않는다. UN이 그의 생각을 받아들여 인간개발지수를 개발하고 해마다 국가별 측정값을 발표하고 있다. 1인당 국민소득이 높으면 인간개발지수도 높게 나오는 경향이 있지만, 반드시 일치하지는 않는다. 천연자원이 풍부할 경우 1인당 국민소득은 높을 수 있지만, 억압적 제도가 있거나 불평등이 심해서 많은 사람들이 자신의 재능 스위치를 켜 볼 기회가 원천적으로 차단된 나라에서 인간개발지수가 높을 수는 없다. 센은 국민소득이 높은 나라가 아니라 인간개발지수가 높은 나라, 즉 많은 사람들이 자신의 고유한 역량을 발견하고 마음껏 발휘할 수 있는 나라가 진정한 선진국이라고 주장한다.

이제 대한민국도 이미 1인당 국민소득이 3만 달러를 넘어 모든 개발도상국이 부러워하는 고소득 국가의 대열에 들어섰다. 그러나 한국의 궁극적인 지향이 그저 돈이 많은 고소득 국가일 수 없다. 저마다 자신만의 재능을 발견하고 역량을 스케일업하면서 성장해 나가는 진정한 의미의 선진국으로 가야 한다. 거기에서 탁월한 과학자도, 세상을 바꾸는 기업가도 탄생할 수 있다. 더 나아가 미의 개념을 다시 정의하는 존경받는 예술가도, 인류와 지구의 미래를 바꾸는 데 기여하는 지도자도 나올 수 있다. 잘사는 나라를 넘어 행복한 나라가 되는 길이다.

탁월한 과학자나 혁신적 기업가가 기술 선진국에서 많이 나오는 것은 이들이 태어날 곳을 골라서가 아니다. 누구나 과학자와 기업가로서 역량을 발휘할 스위치를 타고나지만, 기술 선진국이라는 환경이 그 스위치를 켜 주고 1만 시간 동안 노력할 수 있도록 기회를 열어 준 것이다. 그래서 자신이 얻은 부의 8할이 자신의 재능과 노력이 때문이 아니라 자기가 속한 사회 덕분이라는 워런 버핏의 자기평가는 겸손이 아니라 사실이다.

각자 고유한 재능이 무엇인지 평생 언제든 시험해 볼 수 있는 교육과 학습의 기회가 풍부한 나라, 자신의 역량을 스케일업할 수 있게 국가적으로 공유하는 지식과 경험의 인프라가 든든한 나라, 과학자와 기업가로서 무모해 보이는 꿈이라도 두려움 없이 이야기할 수 있는 나라, 실패했어도 다시 시도하는 재도전의 기회가 있는 나라, 그래서 모든 사람이 자신만의 꿈과 야망을 품고 시험하며 도전하는 분위기가 충만한 나라가 기술 선진국으로서 한국의 꿈이다.

최초의 질문에 대한 자기 검열이 적은 사회

2016년이니 제법 시간이 지났다. 국내 한 정부 출연 연구소에서 국방용 무인기를 개발하다 사고가 났다. 처음 시제기를 만들어 띄웠으나 센서 문제로 곧바로 추락했다. 그 뒤 예산을 담당하는 곳에서 몇 개월간 감사를 벌였고, 결국 '시제기 제작과 관련된 연구원 다섯 명이 손실비용 67억 원을 나누어 개인 배상을 하라'는 황당한 조치가 내려졌다. 첫 번째 파일럿 테스트에서 일어난 시행착오라는 점을 생각하면 이해가 쉽지 않은 처분이었다. 국정감사 기간 동안 국회의원이 예산 낭비의 대표적 사례라며 목소리를 높였고, 언론이 받아쓰면서 외부로 알려졌다. 이 소식을 접한 과학기술계는 경악했다.[23] 청와대 청원 게시판과 인터넷 블로그에는 청년 과학기술자들의 댓글이 줄을 이었다. 가장 흔한 표현은 '빨리 로스쿨이나 의전 아니면 공무원 시험을 준비하자'는 것이었고, 심하게는 '빨리 한국을 떠나자'고 했다. 다행스럽게도 여러 절차를 거쳐 개인 배상은 없던 일이 되었고 관련 제도가 개선되었다는 소식이 있었지만, 젊은 과학기술자들의 마음에는 이미 깊은 트라우마가 새겨졌다.

교육학과 심리학 분야의 고전적 실험 중에 '마시멜로 실험'이 있다. 1970년대 스탠퍼드대학의 월터 미셀 교수 팀이 4세에서 6세 유아를 대상으로 한 실험이다. 아이들이 좋아하는 마시멜로를 하나 주고 먹어도 되지만 선생님이 잠깐 나갔다 올 동안 먹지 않고 참으면 하나를 더 주겠다고 약속한다. 선생님은 사라지고, 아이들이 얼마나 참는지 시간을 재는 것이 핵심이다. 아이들마다 참는 정도가 다르게 나타났는데, 결정적인 후속 연구가 이 연구를 유명하게 했다. 30년 뒤 이 아이들의 성취를 측정한 결과, 어릴 때 오래 참던 아이들의 대입 성적이 우수했고 연봉도 높은 것으로 나타났다. 이 결과가 주는 한 문장의 교훈은 참을성 있는 아이가 성공한다는 것이다. 참을성을 타고난 것으로 본다면 성공은 정해진 것이고, 교육으로 키울 수 있다면 어떻게든 인내 훈련을 시켜야 한다는 것으로 해석될 수 있다. 이 후속 연구의 메시지가 너무나도 강렬해서 우리나라를 포함해 많은 나라에서 반복 실험되었다.

그러나 이 연구만큼 후속 연구에서 비판의 대상이 된 경우도 드물다. 가장 흔한 비판은 성공 여부가 인내심보다 가구 소득이나 부모의 직업 등 아이들의 성장 환경에 더 많이 지배된다는 것이다. 그보다 더 인상적인 후속 연구의 비판은 신뢰에 관한 것이다. 마시멜로 실험을 하기 전에 A 그룹 아이들에게는 선생님이 모종의 약속을 하고 지키는 모습을 보여 주고, B 그룹 아이들에게는 약속을 지키지 않는 선생님의 모습을 보여 준다. 선생님을 신뢰하지 못하는 B 그룹의 아이들이 평균 3분을 참았다면 신뢰가 있는 A 그룹의 아이들은 평균 12분을 넘게 기다렸다. 이 후속 연구가 시사하는 게 뭘까? 아이들의 인내심은 타고난 것이 아니라는 뜻이다. 오히려 인내심을 발휘해야 할 환경에서 리더가 신뢰를 보여 주는가 그렇지 않은가에 따라 인내심이 생기기도 하고 없어지기도 한다는 뜻이다.

국가가 연구 개발 사업을 지원한다는 것은 민간이 감당하기 어려운 위험이 있으니 대신 시행착오를 해 보라는 뜻이다. 그런데 첫 번째 파일럿 테스트에서 실패했으니 물어내라는 반응을 보면 그다음 행동이 어떻게 될까? 실패 가능성이 없는 안전한 질문만 과제로 제안하고 수행하는 것이 지극히 자연스러운 반응일 것이다. 이런 일들이 계속 반복되면 정부 연구 개발 사업 성공률 98퍼센트같이 있을 수 없는 수치가 나오는 것이다. 더 나아가 아예 도전적 시행착오가 없을 자격증 비즈니스나 공조직으로 진로를 바꾸는 것이다.

젊은 인재들이 기술혁신에 너도나도 뛰어들 수 있도록 도전적인 최초의 질문을 던질 기회를 제공하고 시행착오를 보듬어 주는 사회적 환경이 절실하다.

내가 꿈꾸는 기술 선진국

모든 기술혁신은 최초의 도전적 질문에서 시작한다. 답이 정해져 있지 않은 최초의 질문은 현재의 내가 아니라 미래의 내 모습을 상상하는 의지와 야망을 담고 있다. 이 질문으로부터 희미한 첫 번째 대답을 구하고, 개선하고, 좋은 쓰임새를 찾는 스케일업을 이어 가다 보면 마침내 눈사태처럼 지금까지 있던 지형을 완전히 뒤엎고 바꾸는 혁신이 탄생한다.

그동안 많은 기술 개발의 현장에서 최초의 질문이 얼마나 중요한지에 대한 이야기를 나누었다. 워크숍을 통해 최초의 질문을 만들어 보기도 하고 토론도 했다. 다양한 분야에서 나온 최초의 질문 후보는 각양각색이었다. 때로는 분야별 특성에 맞게 최초의 질문 찾기 지침을 만들기도 했다. 그러나 최초의 질문을 척척 만들 수 있는 기막힌 방법 또는 좋은 질문을 가늠할 유일한 기준 같은 것은 없다. 자신이 속한 분야에서 작은 질문이라도 던져 보고, 그에 따라 새로운 시도를 하고, 비판받고, 질문을 수정하는 경험을 많이 쌓아 나가는 것이 가장 중요하다. 어쩌면 저마다 자기 분야에서 도전적 질문이 무엇인지는 대부분 알고 있다. 그것을 입 밖으로 내고 답을 찾아 보겠다고 나서는 첫걸음이 어려울 뿐이다.

　　기술혁신을 위한 기업 전략과 국가 정책을 연구하는 내가 10여 년 전에 교과서를 한 권 썼다. 신기술의 성능을 비교, 분석하거나 플랜트나 기업의 생산성과 국가의 기술 경쟁력 등을 분석하는 데 활용할 수 있는 수학적 방법론을 담은 책이다. 세계적으로는 교과서가 몇 권 있지만 우리나라에는 그만 한 책이 없었다. 나는 책을 쓰면서 복잡한 최적화 모형에 담긴 수학적 의미를 충실히 설명하려고 했고, 친절히 소프트웨어 프로그램까지 짜서 공개하는 등 최선을 다했다. 우리나라에서는 이 분야 최초이자 최고인 교과서라고 자부했고, 많은 연구 논문의 참고 문헌으로 활용돼 뿌듯하기도 했다. 그러나 시간이 지날수록 선진국 연구자들의 이론을 모아 해설했을 뿐이라는 찜찜한 느낌을 지울 수 없었다. 그 분야에서 국제적인 핵심 연구자 집단의 일원으로 자리매김했다고 생각했지만, 어느 순간 발견한 내 모습은 선진국 연구자들이 만든 분야의 틀 안에서 충실히 익히고 다른 사람들보다 조금 더 좋은 모델을 만드는 데 주력하고 있었다. 연구자로서 축적이 있다고 자부했지만, 기존 분야에서나 통하지 새로운 분야를 열어 가기는 어렵겠다는 자각에 섬뜩했다. 이마에 식은땀이 흘렀다.

　그리고 바로 그날, 내가 교과서를 쓴 분야를 떠나기로 했다. 그 뒤 지금까지 몇 년째 기술혁신의 원리를 논리적으로, 나아가 수리적으로 표현할 수 있겠느냐는 무모한 질문을 품고 밤낮없이 끙끙대고 있다. 물론 교과서를 쓸 만큼 깊이 연구한 분야의 지식과 경험은 큰 도움이 된다. 그래도 무모한 질문에 대한 답은 쉽게 보이지 않고, "이 산이 아닌가 보다."를 되뇌며 오르내리기를 반복하고 있다. 암중모색이 뭔지 매일 깨닫는 것이다. 그런데 선진국 연구자들이 정해 놓은 틀 안에서 놀 때보다 어두운 밤길을 더듬어 걷는 듯한 지금이 더 행복해서 매일 놀란다. 내 행복은 한 가지 희망 때문이다. '새로운 분야를 만들 수 있다.'

　이 암중모색 중에 문득 프로타주라는 미술 기법이 떠올랐다. 누구나 어릴 때 한 번쯤 해 본 놀이로 일종의 탁본이다. 동전에 종이를 덮고 연필로 여러 번 선을 긋다 보면 어느새 종이 밑에 놓인 동전이 얼마짜리인지가 서서히 드러난다. 동전의 모습이 조금씩 드러나는 걸 보면서 시간 가는 줄 몰랐던 기억이 생생하다. 최초의 질문을 던지는 것은 알지 못하는 무언가에 종이를 덮는 것과 같다. 그 위로 연필을 한 번씩 긋는 것은 버전 1, 버전 2의 해답을 끊임없이 시도하는 과정이다. 처음에는 보이지 않던 질문의 진정한 의미가 천천히 조금씩 드러난다. 애초에 정해진 것이 아니라 스케일업 과정에 진화하면서 질문 자체가 업데이트되면서 구체화되기 때문이다. 진정한 창조는 독특한 해법을 단번에 만드는 데 있지 않고 질문 자체를 만들어 가는 과정에 있다. 최초의 질문이 없으면 종이 밑에 아무것도 놓지 않고 연필을 긋는 것과 같아서 다람쥐 쳇바퀴 돌듯 발전 없는 제자리걸음에 난잡한 흔적만 퇴적된다.

나는 모든 사람이 자신만의 동전을 가지고 있으며 아인슈타인이나 잡스처럼 최초의 질문을 던지고 결국 동전의 모양을 볼 수 있다고 믿는다. 결국 그 무엇하고도 닮지 않은 고유한 해답에 이를 수 있다고 믿는다. 내가 꿈꾸는 기술 선진국은 모든 사람이 주저 없이 자기만의 질문을 던질 기회가 많은 나라다.

또한 기술 선진국은 국가 차원에서 고유한 비전을 질문으로 제시한다. 단지 국민소득이 높은 국가를 넘어 더 나은 인류의 삶과 지속 가능한 지구의 모습에 대해 질문을 제시하고 해답을 구하는, 철학적 시야가 넓은 국가다. 이런 지향이 있는 국가가 비로소 대체할 수 없는 전략 기술을 만들고 기술 경쟁의 세계 무대에서 당당할 수 있다.

우리는 최초의 질문이 이끄는 광막한 화이트 스페이스, 바로 기술 선진국의 문턱에 서 있다.

머리말 우리는 무엇을 지향하는가

1   https://www.natureindex.com/news-blog/how-south-korea-made-itself-a-global-innovation-leader-research-science 이 글의 마지막 문장이 인상적이다. "한국의 과거를 생각하면 이것은 기적이다."

2   https://www.bbc.com/culture/article/20190529-how-did-k-pop-conquer-the-world

1   질문이 달라졌다

1   한국공학한림원, 『대전환: 한국 산업기술의 대담한 도전』(지식노마드, 2019).

2   위의 책, 134쪽.

3   장석주, 「대추 한 알」, 『붉디 붉은 호랑이』(애지, 2005).

4   C. A. Hidalgo, B. Klinger, A.-L. Barabasi & R. Hausmann, "The Product Space Conditions the Development of Nations," *Science* Vol. 317, no. 5837(2007), pp. 482~487. https://www.science.org/doi/10.1126/science.1144581

5   당시 대리였던 이충구 현대자동차 전 사장은 포니부터 에쿠스까지 자동차 모델 34종의 개발을 이끌면서 한국 자동차 산업 기술의 기초를 닦았다.

6   현대중공업이 사우디아라비아 합작 조선소인 IMI와 초대형 유조선의 설계 기술에 대한 라이선스 계약을 맺었다. -「현대重, 유조선 설계기술 수출」(《매일경제》, 2019년 9월 17일).

7   「두산중공업, 270㎿ 가스터빈 실증...중장기 성장 사업 박차」(《전자신문》, 2022년 3월 1일).

8   「과학기술 논문성과 분석연구(2011-2020)」(한국과학기술기획평가원,

2021).

9   산업통상자원부·한국공학한림원, 『한국산업기술발전사: 전기전자』(진한엠
    앤비, 2020), 136쪽.

2   기술은 어떻게 진화하는가

1   마이클 말론, 김영일 옮김, 『인텔: 끝나지 않은 도전과 혁신』(디아스포라,
    2016).

2   Amazon Statistics: The Key Numbers and Fun Facts. https://amzscout.
    net/blog/amazon-statistics/

3   홍성욱, 『홍성욱의 STS, 과학을 경청하다』(동아시아, 2016).

4   애드 캣멀·에이미 월러스, 윤태경 옮김, 『창의성을 지휘하라』(와이즈베리,
    2014).

5   피터 왓슨, 이광일 옮김, 『컨버전스』(책과함께, 2017).

6   D. A. Levinthal, "The Slow Pace of Rapid Technological Change:
    Gradualism and Punctuation in Technological Change," *Industrial and
    Corporate Change* Vol. 7, no. 2(1998), pp. 217~247.

7   A. Reid, "It's Alive!," *Nature Reviews Microbiology* 8(2010), p. 468.
    https://www.nature.com/articles/nrmicro2399

8   W. B. Arthur, *The Nature of Technology: What It Is and How It Evolves*
    (New York: Free Press, 2009).

9   에디슨이 생각한 축음기의 열 가지 쓰임새는 이렇다. 속기사 없이 받아쓰
    기, 시각장애인에게는 말하는 책, 대중 연설 가르치기, 음악 재생, 가족 간
    중요한 말과 추억담과 유언 등 보존, 자동 연주 악기와 연주 장난감에서 사
    용될 새로운 소리 제공, 시간을 알려 주면서 메시지를 전달하는 시계 제작,
    정확한 외국어 발음 저장, 철자법이나 그 밖의 기계적 기억 보존과 전수, 수
    신 전화 기록. - 조지 바살라, 김동광 옮김, 『기술의 진화』(까치, 1996).

10 「데이터센터가 온난화 주범? '열과의 전쟁' 나선 IT 기업들」(《동아일보》,

2021년 6월 5일).

11 "Work begins on Chinese underwater data center⋯," *DCD news*, 2022. 2. 18. https://www.datacenterdynamics.com/en/news/work-begins-on-chinese-underwater-data-center/

12 헨리 페트로스키, 백이호 옮김, 『포크는 왜 네 갈퀴를 달게 되었나』(김영사, 2014).

13 토머스 미사, 소하영 옮김, 『다빈치에서 인터넷까지』(글램북스, 2015).

14 K. Kelly, *What Technology Wants*(Penguin Books, 2010); 『기술의 충격』(민음사, 2011).

15 조지 바살라, 김동광 옮김, 『기술의 진화』(까치, 1996).

16 "The biggest lie tech people tell themselves – and the rest of us," *Vox*, 2019. 10. 8.

17 Artificial Intelligence Act, EU Legislation in Progress, European Parliamentary Research Service, 2021.

18 R. N. Foster, S. Kaplan, *Creative Destruction: Why Companies That Are Built to Last Underperform the Market, And How to Successfully Transform Them*(New York: Currency/Doubleday, 2001).

19 나심 니콜라스 탈레브 저, 안세민 옮김, 『안티프래질』(와이즈베리, 2013).

20 K. Kelly, *Out of Control: The New Biology of Machines, Social Systems, and the Economic World*(New York: Addison-Wesley, 1994); 이인식 해제, 이충호·임지원 옮김, 『통제 불능: 인간과 기계의 미래 생태계』(김영사, 2015).

21 박용상, 「日 가전산업의 실패로부터 배우는 교훈」, POSRI 보고서, 2012.

3 기술 탄생의 현장에서 찾은 혁신의 원리

1 애슐리 반스, 안기순 옮김, 『일론 머스크, 미래의 설계자』(김영사, 2015).

2 "SpaceX Grasshopper Rocket Launch Reaches Record Height," *Wired*, 2013. 10. 14.

3 이금오, 「SpaceX의 발사체 개발 전략 분석」, 《한국추진공학회지》 23권 6호 (2019), 72~86쪽.

4 E. Dolgin, "The Tangled History of mRNA Vaccines," *Nature* 597(2021), pp. 318~324. https://www.nature.com/articles/d41586-021-02483-w

5 N. Afeyan, G. P. Pisano, "What Evolution Can Teach Us About Innovation," *Harvard Business Review* Vol. 99, no. 5(2021), pp. 62~72.

6 박상일 대표가 1997년에 창업한 파크시스템스다.

7 「2020년 의약품 무역수지 사상 첫 흑자 달성」(식품의약품안전처 보도자료, 2021년 8월 1일)

8 International Mouse Phenotype Consortium.

9 현재 서울대 성제경 교수가 사업단장을 맡고 있다.

4 질문하는 사람을 찾아서

1 P. Azoulay, B. Jones, J. D. Kim and J. Miranda, "Age and High-Growth Entrepreneurship," *NBER Working Paper* No. 24489(2018).

2 양현봉, 「기업발 스핀오프(분사) 창업 실태와 활성화 방안」, 《i-KIET 산업경제이슈》 106호(산업연구원, 2021).

3 애덤 그랜트, 홍지수 옮김, 『오리지널스』(한국경제신문사, 2016).

4 논문 작성을 염두에 둔 과학적 조사가 아니라 즉석 앙케트다. 대표성이 없으므로, 회사 특성이나 표본 수 등 자세한 사항을 밝히지 않는다. 조직의 문제점을 파악하는 예로 생각할 수 있다.

5 "Nokia's New Chief Faces Culture of Complacency," *New York Times*, 2010. 9. 26.

6 「대졸 신입 4명 중 1명, 1년 안에 퇴사」(《중앙일보》, 2016년 6월 7일)

7 「MZ세대 복지에 열광…집 청소, 골프회원권 대여까지」(《중앙일보》, 2022년 2월 26일)

8   J. A. Leonard, Y. Lee, and L. Schulz, "Infants make more attempts to achieve a goal when they see adults persist," *Science* Vol. 357 no. 6357(2017), pp. 1290~1294.

9   G. S. Hornby, A. Globus, D. S. Linden, J. D. Lohn, "Automated Antenna Design with Evolutionary Algorithms," *Space*(2006). https://doi.org/10.2514/6.2006-7242

10 「AI 변호사 vs. 인간 변호사 진검승부」(《동아사이언스》, 2019년 10월 19일)

11 「'AI'가 '인간 변호사' 대체할까: 변호사·로스쿨 학생이 본 미래 법률 시장」(《서울신문》, 2021년 1월 21일)

12 제러미 리프킨, 이영호 옮김, 『노동의 종말』(민음사, 2005).

13 전승민, 「공장에서 나와 현실로 뛰어든 로봇」, 《통계의창》 2019년 겨울호.

14 리처드 서스킨드·대니얼 서스킨드, 위대선 옮김, 『4차 산업혁명 시대, 전문직의 미래』(와이즈베리, 2016).

15 대니얼 서스킨드, 김정아 옮김, 『노동의 시대는 끝났다』(와이즈베리, 2020).

16 제러미 리프킨, 위의 책.

17 「답중종모법: 논 이모작의 서막」, 한국전통지식포탈.

18 「AI "공무원 25% 짐 싸!" 외교부가 가장 위태롭다」(《중앙일보》, 2020년 10월 8일)

19 J. Tinbergen, "Substitution of Graduate by Other Labour," *Kyklos*, Vol. 27 no. 2(1974), pp. 217~226.

20 「다큐프라임: 왜 우리는 대학에 가는가」(EBS, 2014)

21 MBN 일자리보고서팀, 『제4의 실업: 4차 산업혁명 시대 직업의 종말』(매일경제신문사, 2017).

22 황혜진, 「OECD 성인역량조사결과에 나타난 세대 간 문해력의 차이」(《통일인문학》 61, 2015), 585~612쪽.

5   **세계의 기술 경쟁을 좌우하는 최초의 질문**

1   「국내 7대 시험 인증기관 매출, 세계 1위 '10분의 1'」(《전자신문》, 2021년 11월 28일)

2   https://en.wikipedia.org/wiki/Lloyd%27s_Register

3   "Feds pin Uber crash on human operator, call for better rules," *Wired*, 2019. 11. 19.

4   한스 로슬링·올라 로슬링·안나 로슬링 뢴룬드, 이창신 옮김, 『팩트풀니스』(김영사, 2019).

5   ASME Boiler and Pressure Vessel Code, Wikipedia https://en.wikipedia.org/wiki/ASME_Boiler_and_Pressure_Vessel_Code

6   정인성, 『반도체 제국의 미래』(이레미디어, 2021).

7   "Digital sovereignty: Commission proposes Chips Act to confront semiconductor shortages and strengthen Europe's technological leadership," EU press release, 2022. 2. 8.

8   「6G 특허출원 중국 40.3%로 선두…한국은 4.2%」(《연합뉴스》, 2021년 9월 17일)

9   「미국 내 반도체 생산 시설 확충의 의미」(《코트라 해외시장뉴스》, 2021년 9월 15일)

10   권오현·김상근, 『초격차』(쌤앤파커스, 2018).

11   「한미, 中 주도 5G 시장 재편-6G 기술 개발 나서」(《동아일보》, 2021년 5월 24일)

12   이희진, 『표준으로 바라본 세상』(한울아카데미, 2020).

13   "China Standards 2035: How China plans to win the future with its own international tech standards," *South China Morning Post*, 2021. 5. 21.

14   「미국 클라우드 법의 주요 내용 및 전망」(한국인터넷진흥원, 2018년 최종 보고서)

15   GDPR(General Data Protection Regulation)은 EU 회원국에 일괄적으

로 적용되는 법령으로 2016년에 제정되어 2018년부터 시행 중이다.

16 "Inside Gaia-X: How chaos and infighting are killing Europe's grand cloud project," *Politico*, 2021. 10. 26.

6 최초의 질문을 던지는 국가

1 R. G. Lipsey, K. I. carlwa, and C. T. Bekar, *Economic Transformation: General Purpose Technologies and Long-Term Economic Growth*(Oxford, UK: Oxford University Press, 2005).

2 J. E. Triplett, "The Solow Productivity Paradox: What Do Computers Do to Productivty?," *The Canadian Journal of Economics* Vol. 32 no. 2, 1999, pp. 309~334.

3 T. F. Bresnahan and M. Trajtenberg, "General Purpose Technologies 'Engines of Growth'?," *Journal of Econometrics*, Vol. 65 no. 1, 1995, pp. 83~108.

4 E. Brynjolfsson, L. M. Hitt, "Beyond the Productivity Paradox: Computers are the Catalyst for Bigger Changes," *Communications of the ACM*, Vol. 41 no. 8, 1998, pp. 49~55.

5 한국은행, 「중국 인프라 투자의 특징과 시사점」, 국제경제리뷰, 2020-15호.

6 M. Mazzucato, *The Entrepreneurial State: Debunking Public vs. Private Sector Myths*(Harlow, England: Penguin Books, 2018).

7 "This Chinese City Has 16,000 Electric Buses And 22,000 Electric Taxis," *Forbes*, 2021. 2. 14.

8 R. M. Locke, R. L. Wellhausen, *Production in the Innovation Economy* (Cambridge: The MIT Press, 2014).

9 스콧 L. 몽고메리·대니얼 치롯, 박중서 옮김, 『현대의 탄생』(책세상, 2018).

10 "'Industrial Policy' Is Back: The West Dusts Off Old Idea to Counter China," *The Wall Street Journal*, 2021. 7. 29.

11 한국예탁결제원, '2020년도 12월 결산법인(유가증권시장·코스닥 상장사) 중 현금배당(동시배당 포함)' 현황.

12 이대기, 「국내 은행의 수익 구조 분석과 시사점」, 《주간금융브리프》 28권 6호(한국금융연구원, 2019).

13 맹주희, 「국내외 기업형 벤처캐피탈(CVC)의 현황과 규제 특징」, 《자본시장 포커스》(자본시장연구원, 2021).

14 "Patient Capital Review," HM Treasury and Department for Business, Energy and Industrial Strategy, 2017. 1. 23.

15 Global Innovation Index 2021, WIPO https://www.wipo.int/global_innovation_index/en/2021/

16 「'한계기업' 비중 18.9%…OECD 네 번째로 높아」(《한겨레》, 2021년 9월 28일)

17 케네스 포메란츠, 김규태·이남희·심은경 옮김, 『대분기』(에코리브르, 2016).

18 D. Acemoglu, J. A. Robinson, *Why Nations Fail: The Origins of Power, Prosperity and Poverty*(New York: Crown, 2012).

19 J. Mokyr, "The Contribution of Economic History to the Study of Innovation and Technical Change" in B. H. Hall and N. Rosenberg (eds.), *Handbook of the Economics of Innovation*(Amsterdam: North-Holland, 2010).

20 「한국, 과학자·언론 신뢰도 20개국 중 '최하위'」(《동아사이언스》, 2020년 9월 30일)

21 매트 리들리, 김한영 옮김, 『본성과 양육』(김영사, 2004).

22 말콤 글래드웰, 노정태 옮김, 『아웃라이어』(김영사, 2019).

23 「국정감사 때마다 고단한 국산 무기들」(《SBS 뉴스》, 2017년 10월 13일)

사진 출처

29쪽 ⓒ중앙포토
34쪽 ⓒ헬로아카이브
49쪽 (왼쪽부터) ⓒⓒ Thomas Nguyen, smial/위키미디어커먼스
53쪽 (왼쪽부터) ⓒⓒ SRI International/위키미디어커먼스, ⓒM.Thanaphum/shutterstock
68쪽 ⓒⓒ Levin C. Handy/위키미디어커먼스
106쪽 ⓒ파크시스템스
111쪽 ⓒOkrasiuk/shutterstock
131쪽 위키미디어커먼스
168쪽 ⓒdeepdrilling/shutterstock
198쪽 ⓒEverett Collection/shutterstock

최초의 질문

기술 선진국의 조건

1판 1쇄 펴냄 2022년 4월 15일
1판 10쇄 펴냄 2024년 2월 23일

지은이   이정동
발행인   박근섭·박상준
펴낸곳   (주)민음사

출판등록 1966. 5. 19. 제16-490호
주소   서울시 강남구 도산대로 1길 62(신사동)
          강남출판문화센터 5층 (우편번호 06027)
대표전화 02-515-2000 | 팩시밀리 02-515-2007
홈페이지 www.minumsa.com

ISBN 978-89-374-4281-0 03320

* 잘못 만들어진 책은 구입처에서 교환해 드립니다.